予言された大震災

ワイオ理論と神界〈2〉

倫幸

上志満 昌伯
Kamishima Shohaku

たま出版

はじめに

前著『ワイオ理論と神界』（シリーズ第一巻）で予告した大天変地異が現実のこととなった。平成二十三年三月十一日に起こった東日本大震災と大津波は、神界でも全く予期せぬ出来事であって、第一巻で予告していたものとは全く違うものであった。原因の世界を担当する神といえども、あれだけの大のつく出来事は決して準備なく起こせることではなく、まして、無差別に、何もかも、残酷に、冷酷に、罪もない多くの人々を死に追いやり、破壊することなどあってはならないことである。

理由は後に語るとして、何よりも宇宙が明確なる法則に基づいて運営されているのであれば、これだけ大きな苦しみを人間に科す以上、明確にその理由を人間に知らせる責任が、科した側にある。

ワイオ理論によれば、親が子どもに体罰を加えるといっても、まだ善悪の判断が分からない子どもには、身体で感じとらせる、しつけることをやってきた。しかし四十六代目の人類も、五千年の時を経て大人の仲間入りをする時代に入った。

何故（なにゆえ）に、如何なる目的で大災害は起こったのか？　もう、人類として明確に、はっきりと知らなければならない。

まず日本で発生する大地震、大津波、大噴火は、さらに全世界に広がっていく。たまたま信じる、信仰する神を持たない、呪われた悪魔に魅入られた日本一国の出来事ではないのである。人類は、五千年の時を経て、ようやく人生の目的である幸匐(こうふく)な人生を妨げる本当の原因を知り、その原因を自身の力で取り除く、原因を正常にする判断・能力を行使できる段階まで成長した。

今現在の学問では、大天変地異の予知、予測も満足にできず、まして大天変地異の目的など知るよしもない。ただ単に、自然の力は恐ろしい、自然の力にはかなわない、またがんばって生きていくしかないと思うだけである。

宗教信者は、これは神の怒り、天罰であり、人間があまりにも神の教えに背いてしまったから神罰を受けた、だから、皆で神の許しを願って祈りを捧げようとするだけである。すなわち、子ども程度の判断しかできないままに、時は過ぎていく。

人類は、多くの苦しみを乗り越え、ここまで物質文明を進化、発展させてきた。物質文明的には、苦しみを決して無駄にしてこなかったと言える。苦しみ、悩みの次には、新しいもの、新しい仕組み、新しい発見を喜びと共に得ることができる。そういった意味では、苦しみと喜びの帳尻はあっているともいえる。

しかし、この度は、長い年月をかけて築き上げてきたもの、積み上げてきたもの——システム、仕組み、知識、常識——が、あらゆる分野において徹底的に破壊された。であれば、この全宇宙を存在させている意思は、納得できる内容で、なぜか、その答えをはっきりと明確に出してもらわなければならない。

一神教の世界では、何があっても、起こっても、神は偉大であると言えるのか？　すべては神の思し召しとして納得できるのか？　これだけ酷なことをされても仕方がないことを人類はやってしまったと納得できるのか？　否、到底納得できるはずがない。

しかし、納得できる明確なる答えが、ようやくワイオ理論としてこの世に出されたのである。破壊の後には、新たなる創造が始まる。人類は、この地上に肉躰を持って、命ある限り生きていかなければならない。同時に、希望が、期待がなければ、日々明るく生きることはできない。

ワイオ理論が希望の光となり、確かな期待となって、新時代創造への方向を示すのである。

読者の方々には、まず、この大破壊の原因と目的を明確に理解していただきたい。

目次

第二章　休まれていく神々と被生命体の方々――40

第三章　東日本大震災発生前後の神示――118

第一章　大破壊の目的

現実に、破壊、崩壊、消滅が行われた

誰もが日々の生活の中で、私的にも公的にも必要なものを取り入れ、必要なくなったものを出す、捨てることを毎日やっている。

肉躰を維持するために、食物を破壊して胃袋に入れる。胃でさらに細かく破壊して腸に送り、腸で完全に破壊（消化）して体に吸収していく。そして、必要なくなったものは体外へ大小便、汗として出す。すなわち自然に返す。

空気の中の酸素を取り入れて、残った必要のない炭酸ガス（CO_2）は呼気として外に出す。

生活の中でも、必要なくなったものは家から外へ出す。ゴミはそれぞれに分類され、リサイクルされたり自然に返されたりする。それらのものは、日々の生活の中で一日で必要なくなったもの、何カ月もかけて必要なくなったもの、年数が過ぎて必要なくなったものなど、いろい

ろである。

車は十数年で使えなくなり、新車に買い換える。家は数十年でやはり新築することになる。この肉躰も、どれだけ健康に注意しながら使っても、百年が限度であろう。ものによっては、人間の力で破壊するものもあれば、自然が破壊してくれるものもある。

さて、今度の大破壊は、大自然（宇宙）の法則とエネルギーが働いて行われたものである。これまでの物質文明の創造には必要であったが、これからの新しい精心文明創造には必要なくなったため、破壊されるべきものが破壊され、消滅し、自然に返されることになった。自らの意思で帰っていく。ただそれだけのことである。だがいっぽうで、「ただそれだけ」にしては、事が大きすぎると誰しも思われると思う。

だから言い直そう。今回の大災害は、地球人類全体の幸福実現のために必要でないものやこと、さらに言えば、役割を終わった方々にゆっくり休んでいただくために起こった、といえるであろう。

今、こうして、日本において、現実に、破壊、崩壊、消滅が行われた。同様のことが、引き続き全世界、地球規模で起こるが故に、宇宙の法則の基に行われるといえるのである。

では、現実には何が破壊されたのか、なぜ破壊されなければならなかったのか。一つ一つ、検証してみることにしよう。

人類（地球）の変化

侖然、自然、公然（世の中）

平成21年4月5日

始まり　（46代目の地球環境1万年間）　終了

45代目	秙の時代	祖の時代	変化時期	皇の時代	埶の時代	47代目
	ヒルの時代 低精心文明 2500年間	ヨルの時代 低物質文明 2500年間	今	ヒルの時代 高度精心文明 2500年間	ヨルの時代 高度物質文明 2500年間	
	(生)樂しく	(造)苦労		(動)楽	(作)喜び	
	禾の完成	者の完成		品の完成	物の完成	

見えるものが見え、 見えないものが見えない時代				見えるものが見え、 見えないものも見える時代			
祖の時代のルール（天動説）				皇の時代のルール（地動説）			
1	鏡＝信従（平成17年12月31日）			1	本＝自立（平成18年1月2日）		
2	玉＝お金（平成18年12月30日）			2	輪=グループ、人生(平成19年1月2日)		
3	剣＝力量（秀才）(平成19年12月30日)			3	器＝器具(天才)（平成20年1月2日）		
一方向性社会構造				全方向性社会構造			
	思想、行動	世の中の動き	縁順		思想、行動	世の中の動き	縁順
1	直線的	男性中心	親	1	曲線的	女性中心	自分
2	格一的自由	物質中心	兄弟	2	皆別々の自由	精心中心	友人
3	正しく生きる	考える	親戚	3	縄しく生きる	閃、思	子ども
4	プロセス	宗教的	子ども	4	目的	科学的	無縁
5	子ども的	人力	夫婦	5	大人的	器力	親
6	多数決	従う	友人	6	全員一致	自立	親戚
7	金、名誉、地位	苦しむ	無縁	7	のんき、趣味	楽	兄弟
形から始まる　結果論的思想				中味から始まる　原因論的思想			

人類はどのように変化していくか

ワイオ理論では、祖の時代のルールを、三種の神器で説明している。三種の神器と言えば、皇位継承の八咫鏡（やたのかがみ）、八尺瓊勾玉（やさかにのまがたま）、天叢雲剣（あめのむらくものつるぎ）で、誰でも知っている。これらは、形ある物としての鏡、玉、剣であるが、その形ある物の働き、役割が祖の時代全体を象徴的に表現している。

したがって、鏡、玉、剣として象徴されている具体的なもの、事が何であるかが判明すれば、そしてそれが今度の大天変地異で真に破壊され、崩壊し、消滅の方向に行けば、この理論の証明になる。

予告どおりの日時に、大地震、大津波、噴火が起こった。見事に当たったことが理論の証明ではなく、何が理論どおりに破壊され、消滅していったかが、最も重要な証明になるのである。そうでなければ、単なる数ある予言者と同じレベルの当たりはずれであり、理論そのものの証明にはならない。

さらに言えば、理論として今後出されてくる情報が真実で、かつ新しい時代の創造に役立つ情報でなければ、そして異常の原因を正常にするお札（ふだ）がはっきりと結果を出さなければ、理論として価値があるとはいえない。

鏡＝信従→宗教→嘘・ごまかし

多くの神社には、正面に鏡が置かれている。わざわざ神社に来て鏡にわが身を映さなくても、どこの家にも鏡はある。神社の鏡は、己の心を映して見よ、の意味である。お前は（汝は）神を信じているか？　神の教えを守って日々の生活をしているか？　この鏡に汝の心を映して見よ。神はすべて分かっておるぞ、嘘・ごまかしは一切通用せぬぞ、と、神の教え、宗教の戒律などを信じて忠実に従うことを要求しているのである。

広い意味でいえば、「鏡」とは、世の中の常識として定着しているすべてにおいて、「信じて従っている」もの事が含まれている。学歴、お金、努力、真面目に生きる、親の言うこと、先達の教え、リーダーの言うこと、上司の言うこと、神仏の教え等、すべてが含まれている。

ならば、信じて従う、信じて用いることの基準はどこにあるのか？　誰もが従っているから、自分も従うのか？　信じて用いた結果、自分に明らかにプラスの結果が得られたので用いているのか？　今までは自分ではっきりと判断できなかったので、何となく従ってきた、用いてきた、不満はあったが、逆らえずに従ってきた、望む結果は得られなかったが、他に方法がなく用いてきた、などが大方の思いでないかと思う。

では、誰もが知っている世界の主な宗教について、これからも信じて従っていけるものなのか？　以下に検証してみたい。

◎キリスト教

世界全体で二十一億人の信仰者がいる最大の宗教、キリスト教。この宗教が人類に与えた影響を歴史の中から検証すると、まず、実に多くの宗教戦争を起こしてきたことが挙げられる。

過去にキリスト教が関わった宗教戦争、虐殺、侵略を示すと、以下のようになる。

◆**十字軍の遠征**：一〇九六年から七回、二百年にわたって行われた。はじめはイスラム教との戦いだったが、一一八九年〜一一九二年には領土の侵略、略奪、虐殺を行った。

◆**オランダ独立戦争**：一五六八年〜一六四八年、カトリックのスペインとプロテスタントのオランダの戦い。

◆**ユグノー戦争**：一五六二年〜一五九八年、カトリックとプロテスタントの戦い。

◆**三十年戦争**：一六一八年〜一六四八年、カトリック（スペイン）とプロテスタント（イギリス、デンマーク、フランス）の戦い。

◆**ヒトラーのユダヤ人に対するホロコースト**も、宗教が大きく影響を与えている。

以上に加えて、今もキリスト教をめぐって宗教戦争、紛争が続いている。

・**北アイルランド紛争**（カトリックとプロテスタント）

・**ボスニア・ヘルツェゴビナ紛争**（東方正教会とカトリック）
・**コソボ紛争**（セルビア正教とイスラム教）
・**チェチェン紛争**（東方正教、ロシア正教とイスラム教）
・**タジキスタン内戦**（ロシア正教とイスラム教）
・**マルク州宗教対立**（キリスト教とイスラム教）

コロンブスがアメリカ大陸を発見してから五百年間（十六世紀〜十九世紀）、聖書と鉄砲で侵略を行った。十六世紀には、スペインが中南米のアステカ王国、インカ帝国を滅ぼした。また、スペイン人によってカリブ海地域三十八万人、アステカ地域二千四百万人、インカ帝国八百二十万人と、計三千三百万人の犠牲者が出た。

十六世紀はスペイン、ポルトガル、十七世紀はオランダ、十八世紀はフランス、イギリス、十九世紀はイギリス、ロシア、アメリカが侵略し、東南アジア、アフリカ大陸、アメリカ大陸の先住民は虐殺され、奴隷にされ、人間らしい生活、人生を奪われた。それらは、近代兵器の文明とキリスト教の神の名において、異民族に一片の情をかけることなく、手当たり次第に奪い尽くし、殺し尽くしていった。

中世（四世紀末のゲルマン民族の移動から十五世紀半ばまで）は、ローマカトリックの狂信

による異端審問（宗教裁判）があったため、ヨーロッパの暗黒時代と言われている。ローマカトリックの神の名において、

一．異端者に対する密告の奨励・義務

二．自白強要のための拷問の承認

三．生きながら火刑にする刑罰のひどさ

などが行われ、教皇インノケンティウス八世が一四八四年に魔女裁判を公認してから二百年間で九百万人が犠牲になったとも言われている。

こうした歴史的事実を誰も否定できない。キリスト教では、すべての罪は神に懺悔し悔い改めることによって、罪は許され消える、の教えに従って、悔い改めることなく罪悪を繰り返している。

◎イスラム教

信徒数十三億人の、キリスト教に次ぐ巨大な宗教、イスラム教。この宗教も、十字軍などキリスト教の攻撃に対する防衛戦争を繰り返してきた。そして、かたくなな原理主義と派閥の違いによる紛争が今も続いている。

◆十字軍との戦い

◆第一次〜第四次中東戦争（一九四八年、一九五六年、一九六七年、一九七三年）。ユダヤ教とイスラム教の戦い

◆イスラム教とヒンドゥー教の戦い

現在においても、

◆パレスチナ紛争：ユダヤ教とイスラム教

◆アフガニスタン内戦：イスラム原理主義とシーア派

◆スーダン内戦：イスラム教と非イスラム教

◆アルジェリアのイスラム原理主義の紛争

◆エジプトのイスラム原理主義の紛争

◆スンニ派とシーア派の紛争

こうした紛争に加え、イスラム教では、一日五回の礼拝、女性はベールを被るなどの制約があり、とりわけ原理主義では多くの自由が束縛されている。

◎ヒンドゥー教

インドに八億の信者を抱える最大規模の民族宗教、ヒンドゥー教。この宗教も、これまで多

くの紛争を繰り返してきた。

◆ヒンドゥー教至上主義運動による紛争、ヒンドゥー教とイスラム教（インドとパキスタン）

◆スリランカ紛争、仏教とヒンドゥー教

◎仏教

インドに発生し、現在は東南アジアのベトナム、タイ、ラオス、カンボジア、ミャンマーと日本に、約四億の信者がいる。仏教が中国に渡った南北朝時代（四三九年～五八九年）、経典の研究が盛んになり、教義、経典が自由に解釈され、大乗仏教として十三宗派に分かれたが、宗派間で争うことはなかった。

◎道教

中国に自然発生的に生まれた宗教で、呪術をする原始宗教をもとに、陰陽五行説（自然界にある物を陰と陽に分け、木、火、土、金、水の五行で解き明かす）占星術を使って、現世利益宗教として体系化されている。約四億人の信者がいる。

◎儒教

紀元前五五一年頃、孔子によって始められたもので、人間が生きる姿の理想を説いた思想。

孟子によって体系化された。発祥地の中国においてはほとんど消滅してしまったが、日本において仁・義・礼・智・信の教えが武士道精神の中にわずかに残っている。

◎ユダヤ教

紀元前二〇世紀〜十五世紀に確立された、世界で最も古い宗教の一つ。唯一神であり、絶対神であるヤハウェと人間との契約宗教で、十戒に記された基本十項目の戒律と、日常生活の指針となる六百十三（タルムード）項目によって成り立っている。最も戒律の多い宗教で、ユダヤ人（ユダヤ民族）とは、基本的に血統（人種）よりもユダヤ教の信者の意味が強い。

ユダヤ教は、自分たちは神から選ばれた民であるという選民意識を持っている。また、キリスト教にとっては、イエスを殺したユダヤ人であり、イスラム教とは、土地をめぐる争いを繰り返してきた。常に他民族、他宗教から迫害を受け、イスラム教団とは四回に渡って中東戦争を繰り返し、今も紛争は続いている。

皇の時代、真の精心文明創造にとって何がマイナスなのか？

一．キリスト教の歴史を見ると、異教徒や弱者に対して、また、教えを否定する者に対して、恐るべき非人間的行為——侵略、略奪、虐殺、植民地化——が、現在も神の名において行われていて、多くの戦い、紛争を起こしている。

二．イスラム教、ユダヤ教などに見られる、必要なき多くの戒律。

三．仏教に見られる、本当は供養されていない偽りの仏教行事。

四．道教に見られる、力もなく、必要もなくなった呪術、占いなど。

五．儒教に見られる、進歩、進化を妨げる教え。

以上、すべての宗教は、その時代、自立できていない子どもの段階での役割と必要性を持った教え、戒律である。宗教指導者が子どもである信者から手を離さない限り、信者は自立の道を歩けない。イエス、マホメット、釈迦などの教祖を導いた神は、すでに休まれている。神は、親としての役割を終わって、人類全体を引いてきた手をもうすでに離しているのである。

それぞれの宗教にある立派な教え、納得できると思える教えも必要なくなるのか？

一．宇宙創造神、唯一絶対神に対する絶対的信仰によって、本当に神のもとへ行けるのか？天国へ行けるのか？

神の名において、さんざん悪業を重ねた者が、一言の懺悔で罪が許されることは、今までの宇宙の法則においてあり得なかった。必ず来世において罪の償いをさせられていた。アッラーとヤハウェとイエスをひたすら信じ込まされていただけである。「三つ子の魂百まで」で、ずっと信じ込まされていた。神の嘘を、ごまかしを、子どもであったが故に疑いもせず、疑問に思っていてもごまかしを暴くことができなかっただけのことである。先天的異常も後天的異常も、基本的には前世における罪を償うために存在する。精心、肉体、対人、経済のすべての異常は、過去世に造った原因の結果である。仏教の教えにある前世、現世、来世の因果の法則は、しっかり働いているのである。

今までの（祖）宇宙の法則においてあり得なかったということは、これからの（皇）法則においても、社会的、自然的環境、さらに自己の意識が悪業や悪行を行おうと、悪業を重ねるエネルギーが働かなくなるということである。悪いことと分かっていても止められない事態が、思いが、環境が限りなく急速に、皇の法則と、エネルギーの働きで少なくなっていき、やがて消えていく。

二．無償の愛の施しは必要か？

人間が他人に対して行う行為には、愛と情がある。イスラム教の喜捨とか、寄付なども含まれるが、本当の愛とは、その人間が愛を求めている、施しを求めている、助けを求めている状態が二度と起こらないように、本当の原因を教えてやって、自分の力で立ち上がるように手助けすることである。

不安、心配、恐れ、精神的異常、肉体の病気・異常、人間関係の異常、経済異常の本当の原因を知って、原因の領域を正常にしない限り、どれだけ心を込めた愛の施しであっても、その異常は繰り返し発生する。その人間は自立に向かって行動できない。無償の施しは、新しい時代創造の移行期には、まだ必要な場合も時にはあるが、一人一人その個人をよく知った上での無償の施しでなければならない。

三．最後の審判を受けて天国と地獄に分けられる。

新しい皇の時代にあって、あの世の地獄も今の世の地獄も、急速に地球上から消えていく。今、あの世の地獄に苦しんでいる人間を、直ちに天国へ送ることもワイオ理論のお札（ふだ）によって実に容易にできる。

四．苦しみを原因を造るのは、煩悩にある。

仏教の教えにある煩悩とは、下に心がついた「慾」の働きでもある。この煩悩は、消しても消しても次から次に湧き出てくる。ゆえに、仏教では、煩悩に囲まれた俗世間から、普通の家庭生活、当たり前にある世の中の環境から離れよ、出家しろと教えた。

また、大乗仏教では、八正道（正しい八つの行い）、すなわち世の中を正しく見る、物事の道理を正しく弁（わきま）える、悪口を言わない、殺生や盗みをしない、正しい生活をする、悟りに向けて努力する、邪念を払う、瞑想、座禅などをして精心の安定を図ることを進めているが、今までは祖の法則の基に慾のエネルギーが強く働いていたので、誰もが容易にできることではなかった。

八正道の中で、世の中を正しく見ること（正見）こそ、今最も大事なことで、なぜこのような大天変地異が起こったのか、なぜそれがこれから全世界に起こるのか、その原因、目的を明確に理解することこそ、「正見」である。

正しく見るための指針は、答えは、ワイオ理論の中にしかないのである。そして、正しく見られた時には、座禅など組まなくても精心の安定は保つことができる。八正道の実行は、容易に誰でもできるようになる。

偉大なるそれぞれの教祖の教えが、なぜ多くの犠牲者を出し、今も出し続けているのか？それぞれの宗教は、すべて基本的に人間の幸福を願って、今の世に神が教祖を通じて出されたものである。一人の人間が生まれ、大人として自立に向かって生長していく過程には、さまざまな精心的、肉体的、対人的、経済的な苦しみ、悩み、不安などの試練がある。その試練を体験し、乗り越えなければ、自立に向かっての生長はない。

一個人においての自立までの時間が、およそ生まれてから四十年の時が必要とすれば、人類全体では五千年の時間が宇宙の法則として定められている。一個人においては、父母、祖父母、師、古人、宗教の教えとして導き、アドバイス、手助け、協力がある。それは、人類全体においても全く同様に、宇宙の法則、エネルギーとして働く。

一個人に関しては、生長期の初めの二十歳までの段階では、両親が全面的にさまざまな分野で教え、導くが、自立期の四十歳までは世の中の先輩たちが導く。人類的には、基本的に生き方において神が大きな影響を与えることになる。そして、人間を助け、導くと同時に、苛酷なまでの、そこまでやらなければならないのかと思うほどの試練を与える歴史を、われわれ四十六代目の人類は記録してきた。

人類全体に与えられた祖の時代の法則と、エネルギーの基本的働きの枠の中で、役割を与えられた神や人間が、どこまで神性、人間性を保って行うかは、これまた宇宙の法則の基に定められた時間の枠の中で自由を与えられている。

毛沢東、スターリン、ヒトラーなどがやったことは、どう考えても、そこまで苛酷な試練を与える必要があったこととは、とても思えない。

同じく、キリスト教がやったことは、大東亜戦争で原爆を使い、一般市民を虐殺したことである。都市の空爆も、あまりにもひどい戦争犯罪として、納得できるものではない。それは、たまたま狂人となった悪名高き一指導者の所業ではなく、常にその狂人を導く神との一体となった悪業である。一般的に言われている光と闇で言えば、闇のエネルギーの働きである。

ここではっきりしておかなければならないのは、闇のエネルギーに全責任があるのではなく、闇のエネルギーを使った神と人間に半分の責任があるということである。祖という時代は、物質文明創造のためにより多くの闇のエネルギーを必要とする時代であった。闇のエネルギーの働きについては、後ほど詳しく述べさせていただきたい。

玉＝お金、経済活動→盗む、盗む、強奪、略奪

この世の中に、お金の嫌いな人間はおそらくいないと思う。お金さえあれば人は幸福になれると思っている。お金より愛が大事という人も、ある程度のお金がなければ、愛そのものが成り立たない。そのため、人類は物質文明創造の大事な役割を果たすために、強大な金銭慾、物質慾を与えられた。そして、必要以上に他人の必要な分まで奪い、金のためなら他人の命までも平気で奪うことを繰り返してきた。そうした飽くなき欲望が、物質文明創造のエネルギーとして宇宙の法則のもとに許されてきたのである。

十六世紀からヨーロッパの白人がまず近代化を先駆け、神（キリスト教）と強力な武器を持って、他国、他民族、異教徒に対して侵略、略奪、殺戮を始めた。五百年も時が過ぎながら、現在も果てしない欲望は消えることなく続いている。祖の法則と、慾のエネルギーが消えない限り、いかなる賢者、優れたリーダーが登場しても、人類全体においては飽くなき慾望は消えないのである。

お金とは何か。

それは、肉躰内においては必要な栄養素を全身の細胞に運ぶ血液であり、自然界においてはすべての動植物の命の源になる水である。

人間は、世の中において、生きていくための衣・食・住に必要な多くの物を手に入れなければならない。それを得るためにお金を使う。ゆえに、お金は血液や水と同じ役割を持っているのである。血液が止まれば、その先の細胞は栄養不足、酸素不足で死ぬことになる。自然界の水は、川として流れなくなれば、その先の動植物は死に絶える。したがって、血液も常に流れ続け、水も常に雨としてほぼ必要なだけ降り、川となって流れ続けている。

さて、血液と水と同じ働き、役割、必要性を持ったお金はどうであろうか。

財閥、資産家、資本家、経済大国などの一部の人間が必要以上に使い、貯金をする、すなわち貯め込むことによって、必要な量が全体に回っていかない状態が、物質文明の進化と共に世界全体で見られるようになった。現在も、その異常な状態は改善されることなく続けられている。

そのため、多くの人間が飢えて死に、自ら命を絶つことも珍しくない。この現実は、今の経済学、金融システムがいかに一部の人間にのみに利益をもたらす学問であり、システムであるかの現れである。川の流れをダムで止め、一部の者が利用するのと同じである。

世の中に出回っているお金は、本来、物の価値の量にイコールの量だけあるのが、正常である。つまり、実体経済こそが本来の正常な経済のあり方である。必要以上に、特に米ドル紙幣が印刷され、物によって保証されない紙幣が暴走して、経済活動、お金の流れを止めて、異常にしているのが、祖の経済の終焉の時の現状である。

そして、この大天変地異が、お金を必要としているすべての人に滞りなく流すことのできない経済学と金融システムを破壊し、一部に貯えられていたお金を、命を守るために、生活を守るために公平に流れるように環境を造り直してくれるのである。

ワイオ理論では、物としての存在に関して、被生命体として、如何なる物にも命があり、心がある存在として位置付けている。

われわれワイオを学ぶ者たちは、時々、各種の被生命体の方々の思いを、心を、言葉として出していただいている。当然のことながら、お金にも、思いが、心があるのだ。

祖の時代、物質文明を創造することに大きな働きをしたお金のエネルギーが、今、役割を終えて休もうとしている。もうエネルギーも残り少なく、動けない状態であることが告げられている。

今、お金たちは一旦休んで、自ら新しい時代のエネルギーに入れ替え、本当に自分たちを必要とし、喜んで迎え入れてくれる人の所にいこうと思っている。そのお金の思い、本当に必要で、お金を求めている人の所へお金が流れるために、大天変地異が、もう古い役割を終わって使い物にならなくなった経済学と金融システムを破壊するために働くと同時に、下に心のついたさまざまな慾を消していく。大天変地異は、明確なるプラスの働き、役割をもって発生するのである。新しい時代創造のための破壊である。

剣＝力量（秀才）　軍事力→苦しめる、苦しむ

神の教えを守らぬ者、従わぬ者は、金の力で下心の慾を満たしてやって、従わせよう、それでもまだ従わない者は、腕づくで、武力で、学問の力で従わせようということである。祖の時代の宗教、お金、軍事力はすべて、基本的には物質文明創造の目的のためではあるが、常に一部の権力者、一部の強者、より強慾の者のために使われてきた。

力量とは、権威力、知識力、強慾力、軍事力で、最後に有無を言わせずに屈伏させ、服従させる力であり、軍事力となってくる。そして、その象徴的存在であった国が、最も残虐な歴史を繰り返してきたキリスト教国であり、世界の基軸通貨として世界経済を牛耳ってきた、イギリスであり、今はアメリカである。

また、彼らは、現在も、世界一の軍事力で、いたる所に戦争を美名のもとに起こし、威圧し、世界最大の武器輸出大国（死の商人）として金儲けをしている。これこそがアメリカ合衆国の真の姿である。

今までは、十六世紀スペイン、ポルトガル、十七世紀オランダ、十八世紀イギリス、フランス、十九世紀イギリス、ロシア、二十世紀アメリカと、時代と共に変化してきたが、いずれもキリスト教の白人国であった。

誤解しないでいただきたい。著者は、特別アメリカが、白人が憎く、嫌いで言っているのではない。好き嫌いで言えば、もっと嫌いな国は他にある。ワイオ理論に則って、今までの歴史の事実と現在の事実を理論として解説しているのである。すべては、祖の時代の物質文明の創造のために必要な法則とエネルギーが働いて、その時代の神と人間が行ったことである。

ただ、彼らは必要以上に暴走したが、今となっては責任を追及して謝罪と賠償をさせようということではない。あえて言えば、日本の武士道精心に則り、過去はすべて水に流して共に地上天国創造に力を合わせて行うということである。

このことにおいては、すでに原因の世界では日本神界の神々の呼びかけによって、世界全体の各国の神が準備態勢を敷いている。人間だけが顕在意識の中で何も分かっていないだけである。

どこの国のどなたでもよい。ぜひ、どこの国にもおられる新しい皇の時代を創造しようと張り切っている神々と、対話していただきたい。

今までの宗教を導いてきたすべての神々は、休まれている。そして、祖の時代を造ってきた神々が休まれるということは、その神々が造った宗教の教えも、教団も、神事も、すべて消えていくということである。せっかく、真の愛を、人間性を持って、地上天国創造の役割を持った魂でありながら、消えいく古い宗教にしがみついていれば、自分自身も一緒に消滅していくのである。

長い歴史の中で、不当に死んでいった多くの御魂に対する本当の供養は、再び生まれてくる御魂たちに、今度こそ真の幸福を味わっていただける、地上天国を造っておくことである。形骸化した供養では、どこの御霊たちも真の安らぎを得ることはできない。天国には行くことができない。

鏡と玉と剣の役割が終わっているのであれば、世界の大宗教も、日本に数ある新興宗教も、今の経済を動かしている経済学も、金融学も、それらに使われている建造物も、軍需産業、軍事施設、武器、弾薬も、分かりやすく言えば、教会も、会館も、銀行も、証券会社も、証券取引施設も、すべて倒壊、崩壊しなければ、そして消滅していかなければ、この大天変地異の目的は果たしていないことになる。

この大天変地異は、まずはじめに日本の破壊が約二カ月間、八週間に渡って、一週間おきに八回起こることが神界において計画されている。

当初は、破壊すべきものだけ可能な限り破壊し、破壊してはならないものを巻き込まないように綿密な計画がなされていた。

しかし、祖の時代の頂点にいた神々、そして元になる祖のエネルギー、闇のエネルギーが、ワイオ理論が世に出されて以来、執拗に妨害を繰り返してきており、今も妨害は続いている。

大天変地異の決行が、さまざまな理由、祖の闇の妨害、攻撃によって延ばされてきた。そして、決行の最終決定の直前、卑怯な闇の企みによって、このたび東北関東に大地震、大津波が発生し、破壊してはならないものまで破壊し、皇の時代を生きられる魂の命までも数多く奪ってしまった。

しかし、その後に起こる地震、津波、噴火こそが、地上天国創造のための真の破壊である。

光＝善、闇＝悪なのか

光とは、地上に見えない原因の世界から、生きる、造る、動くの三つのエネルギーが降ろされ、そのエネルギーが生命エネルギーと物質エネルギーとして働くという意味の字である。

善とは、宇宙の陰、陽、プラスとマイナスの働きが、霊体、幽体、肉体にしっかり働いていて、その力が生命エネルギーと物質エネルギーとして地上に働き、人間に必要な物を造るの意味の字である。つまり、人間の幸福に必要な物造り（形の見えないものもある）が、良いこと、善なのである。

闇とは、精心エネルギーと肉躰（物質）エネルギーが働いて、精心的、肉躰的自立のための新しいエネルギーを造るという意味である。学校の門をくぐって学ぶ、入門して自己を磨く、自立のエネルギーを自分に蓄積していくことである。

悪とは、人間が幸福に生きるために、見えない原因の世界にある精心的、物質的（肉躰）に必要なものを地上（結果）に下ろして、それを心に取り込むという意味である。

なのに、なぜそれがやってはならない悪いことなのか？

歴史の中で分かりやすく言えば、白人の行った植民地政策は、その地域、国から奪えるだけ奪って、支配者が持っている知識を学ばせなかった。つまり、教育を施して知識を持てば、支配者に反抗することになるのを恐れていたのである。学ぶことは、権力者、支配者にとって良くないこと悪いことになるということである。

闇の時間、夜の時間に、人間は疲れた身体を造り直し、エネルギーを貯えて、苦しい精心状態を修復する。対人関係も、夜の時間の中で修正する。さらには、経済的エネルギーさえも、寝ている間に見えない力が働いて、（祖においては先祖が）段取りをしてくれているのである。

暗闇では、音がなければ何もできない。音、声によって判断する、導かれる。だから、祖の時代、夜の時代に、闇の力、働きは、人類が進化、成長する上において絶対になくてはならない役割として存在していたのである。何も知らない、解らない子どもの時代にとって、親である神は、はじめに言葉ありきで、予言者を通して言葉で導いたのである。闇が良くない、悪い存在である訳がないのである。ただし、本来の闇の働きであれば、であるが……。

祖のエネルギーは、基本的に、物質文明創造のため、より良い物、製品、商品を造る、さらにより良いシステム、ルールを造っていくことが目的である。

それに対して、闇のエネルギーの働きは、祖のエネルギーと同じ目的を持って、いかに神、人間が祖の目的を果たすために行動するか、モチベーションを高めることができるかの役割となる。そのために、基本的に下に心のついた十二種の「慾」をエネルギーとして与えている。すなわち、金銭慾、物質慾、地位慾、名誉慾、仕事慾、健康慾、古昔慾、由遊慾、学習慾、食慾、性慾、語話慾である。

これら十二種の強力なエネルギーが働いて、神も人間も、苦しみに耐えて努力を重ねてきた。成功を目指し、勝利を目指して、大きな慾を満たすためにひたすら苦労を重ねてきた。その結果、多くの便利な機械、器具、新幹線、音速で飛ぶ飛行機、パソコン、インターネット、携帯電話など、人間の生活を楽に、便利にする物質文明が出来上がった。闇のエネルギーが原動力となったのである。

エネルギーの働きには、競争してより良い物、製品、商品を次々と造っていくプラスの働きと、飽くなき欲望の暴走によって、多くの悲惨な非人間的な戦争、事件、紛争を造り出したマイナスの働きがある。

自然界にあるすべてのエネルギーの働きは、プラスとマイナスに分かれている。どちらに偏っても駄目である。光だけが多くても駄目で、闇とのバランスの上に正常な働きとなって人間が望む結果が生まれる。

そして、何よりも大切な人間の本体である魂の進化において、光の働きと闇の働きはどちらも等分に体験を重ねて進化していくのである。闇のエネルギーをマイナスに暴走させるのも、闇のエネルギーを使う、あるいは使われる魂の進化の段階の問題であるとも言える。

われわれ人間の魂は、神に向かって、無意識に、時にははっきりと意識して進化しようとしている。祖の破壊の後、地上天国創造が始まる。神を目指して、長い、長い旅を続けて来た魂にとって、この創造に参加すること、しかも地上天国創造にワイオ理論の力を持って参加することにまさる嘉びはない。その魂の熱き思いが、顕在意識に届くことを、また顕在意識がワイオ理論に深くかかわっていくことを、必死の思い、切なる思いで望んでいる。

地上天国創造の基礎造りという重要な役割を持って、祖の二千五百年間の長い時代を働いてきた真の闇のエネルギーの方々は、地上天国創造の基礎造りのためとはいえ、人間を苦しめるという、まことにつらい役割をやってこられた。嫌われ役をやってこられた。悪役をやってこられた。ワイオ理論の真髄を知って、地上天国創造に参加する人間が、もっともっと多くなれば、長年の苦労の疲れも癒され、安心し、満足して休まれることであろう。何とかして長年の苦労に報いたいものである。

せっかくワイオ理論に縁が出来たのにも関わらず、理論の真髄、目的が理解できずに、魂の嘆きが感じ取れずにいる志士を、今こそ目覚めさせなくてはならない。ワイオ理論と縁が出来ないがために、己の魂の役割を知らずに眠っている、地上天国創造に参加できずにいる数多くの熱き魂の志士達にワイオ理論を届けていただきたい。

◎消滅、衰退していく学問、組織、システム

一.**消滅していく学問、組織**
宗教学、政治学、企業組織、司法組織、立法組織、中央集権組織、システム、占い（家相学、方位学、風水学、占星術、姓名学、四柱推命学、霊感占い）

二.**衰退していく学問、組織**
経済学、文学、医学、心理学、天文学、食品学、栄養学、金融学、農学、行政組織、医療組織、教育組織、金融組織

この度の破壊が、物理的破壊のみでないことがお分かりいただけると思う。人生の価値観、善悪の判断、哲学の領域においても大きなインパクトを与えることになる、明確なる目的を持った巨大な自然の力のよる表面的な情ではなく、深い愛に基づく破壊である。

◎破壊に伴う創造の準備

一．地震は、破壊すべき建造物だけに絞って、残すべき物を巻き込まないように綿密な計画によって、すべて直下型の地震となる。

①神々の封印解除

二千五百年前の祖の時代の始まりの時に、秸の時代を造ってきた多数の神々が封印された。この神々は、皇の時代創造のために活躍する神々なので、封印解除することも大きな目的であるが、日本の神々においては、平成二十年頃から日本全国に年代別に九段階（九層）に封印されている神々と観音様を解除してきた。観音様の解除は平成二十一年に終わっていたが、今年に入って二千五百年前に一番奥に封印されていた神々の解除が、龠幸（やっこう）研究会のメンバー全員の力によって、十数日かけて日本全国において解除された。解除においては、封印解除カードも大いに働いてくれた。したがって、地震による封印解除の場所の分だけ地震の箇所は少なくなった。二千五百年の封印は秸から祖移行期に行われたので、特に東北地方に多く封印されていた。

②皇の温泉の準備

皇の時代の病気治療・療養は、基本的に皇のミネラルをたっぷり含んだ温泉療法になる。そのために、地震と噴火によって全国各地に温泉鉱脈が引かれる。今ある有名な温泉地はほとんど休まれていく。

③埋蔵金採掘の準備

ひと頃、霞が関に四十兆円の埋蔵金があるとかないとか、話題になった。大震災の復興に、今こそ使うべきだと思うが、隠した者は、今さら隠したとも言えずに、出てくる気配はない。噂の四十兆円が使えれば、被災者はどんなにか喜ぶのにと思う。いずれ使うことになるが、ところが、ワイオ理論の中には、四十兆円どころか、四百兆円もあるという。ワイオの埋蔵金は、地中に眠っているレアメタルの埋蔵金である。この眠っている埋蔵金が、地震によって、とても採掘しやすい状態になる。

さらに、皇の時代の発電は危険な核分裂の原発ではなく、新しい鉱物を使った太陽光発電が主になっていく。そのために必要な新しい鉱物も採掘しやすくなるのである。新しい鉱物によって、発電コストも大分安くなっていく。

二．津波の働き

津波発生の原因は、海底地震による海底の陥没、隆起、断層のズレなどであるが、こうした物理的原因は津波の引き金にはなるが、エネルギーの質は祖の時代に大量に造られた怨念、怨霊である。地震は、恨みを晴らすまで消えない巨大なこのマイナスエネルギーの蓄積場所に発生し、津波の性質となるのである。

神々が計画した創造のための破壊の津波は、東北地方に押し寄せた津波とは全く異なった結果をもたらす。恨みのエネルギーは、龍神、マグマの神、大綿津見大神の導きによって、恨みではなく、怨みを造った祖の時代を終息させるために、はっきりと新時代創造の目的意識を持って、破壊すべき所だけにその力を使うのである。地震の力との共同作業である。東北地方を襲った津波との違いは、はっきりと気づかれると思う。

三．海底地震の目的

日本列島の気候は、沖縄から北海道まで随分違うが、海底地震の働きによって日本列島の周り全部に暖かい海流が回ることになる。したがって、沖縄から北海道まで一年中春の気温になるのである。

四．噴火の役割

温泉の鉱脈を引く働きと共に、日本全国にあるほとんどの山が順番に噴火して、大量の皇のミネラルを地上にばらまく。この新しい皇のミネラルが、新しい肉体を造っていくために必要な食物の中に吸収され、体内に入っていくのである。火山灰として新しいミネラルが土中に行き渡ると、農業の形も大きく変化する。化学肥料も農薬も一切必要のない農法となり、苦労して自然農法をすることもなくなっていく。火山灰は田畑にだけ降り注いでくれればよいと思うが、そこまでの贅沢は言えない。

皇のミネラルが、全国に起こる噴火によって撒かれ、各地にある特別な名水はなくなる。名水といっても皇のミネラルに変わらなければ飲めない価値のない名水になる。

第二章　休まれていく神々と被生命体の方々

これからの真の精心文明の基礎造りを終えられ、多くの祖のエネルギー、闇のエネルギーの方々が休まれていった。その態度は武士道精心の潔い心の現れであり、誠の思いで、基礎造りをされてきた満足感でもあると思われる。

一．平成十六年二月十七日　京都日向大神宮の高御産巣日大神（祖の時代の物造りの支配神）

二．平成十六年三月三十日　京都伏見稲荷神社の倉稲魂大神（祖の経済の中心的働きの神）

三．平成十六年四月十六日　茨城県の鹿島神宮の武御雷大神（武力、軍事の最高神）

四．平成十六年五月二十七日　北海道屈斜路湖のイギリスから来られた高木大神（世界を支配しているフリーメーソンを動かす神々の一神）

五．平成十九年、二十年は多くの黒龍さん（祖の経済において空中を駆け回ってお金のエネルギーを運ぶ役割）と大蛇さん（祖の経済において地上を駆け回って、お金のエネルギーを届ける役割）その下にキツネの役割がある。この黒龍の方々と大蛇の方々との戦い、葛藤があったが、やはり日本の方々は祖の方々であっても、潔く最後はお札に乗って休まれていった。

六．平成二十一年全国の一宮神社、大きな仏閣の祖のエネルギーの方々がお札に乗って休まれていった。

神社仏閣には多くの参拝者の神仏への願い事が、思凝霊の状態でたくさん残っており、神仏の方々はその思いをすべて抱えて一緒に休もうとされておられるのであるが、あまりに多すぎて抱えきれずに苦慮しておられた。抱えきれない思凝霊を全部お札に乗せてやることによって、神仏の方々は安心して休まれていかれた。新興宗教界の方々、それぞれの業界（政党、自動車、経済、商工会議所、経団連、医療、スポーツ、祖のお金、金銭欲、地位欲、名誉欲、学習欲、語話欲、銀行、保険、証券、マスコミ）の祖のエネルギーの方々も自分の役割が終わったことをはっきりと自覚され、引退の思いを語られて、お札に乗って、言葉を出されて休まれていった。祖のエネルギーが休むということは、そのエネルギーで動く業界の人々がやがて貯えられたエネルギーを使い終わって休まれていくということである。

七．平成二十二年になり、闇のエネルギーの方々もお札に乗られるようになってきたが、同じ闇のエネルギーにもやはり個性があり、お札に乗ることを頑固に拒否する多くの闇のエネルギーが皇への移行を妨害してくる。その中で祖の時代の代表的な被生命体のエネルギーの方々がお札に乗りに来ていただいた。

平成二十二年八月八日、九日核兵器のエネルギーの方々、各国（核保有国）の核兵器のエネルギーの方々が（少なくとも今あるエネルギー）乗ってくれた。よって核兵器は中にエネルギーのない器だけになった。

平成二十二年八月八日、九日世界の主なる祖の経済エネルギーの方々が乗られた。したがって祖の経済はもう力がない。全世界経済の衰退が始まる。

平成二十二年八月十日　世界の軍事力のエネルギーの方々が八〇％ほど乗りに来られた。これで世界大戦は（ハルマゲドンの戦い）起こらないと思う。

平成二十二年十月二十九日　軍需産業のエネルギーの方々

平成二十二年十月一日　コーヒーのエネルギーの方々

平成二十二年十月一日　コーラのエネルギーの方々

平成二十二年十二月五日　気学のエネルギーの方々

八．平成二十三年二月三日　介護業界のエネルギーの方々

平成二十三年二月九日　考古学のエネルギーの方々

平成二十三年二月十五日　陰陽道のエネルギーの方々

平成二十三年二月十六日　富士山のエネルギーの方々

平成二十三年二月十七日　酒造業界のエネルギーの方々

平成二十三年二月二十六日　経済エネルギーの方々

平成二十三年二月二十六日　高層ビルのエネルギーの方々
平成二十二年八月十七日　平成二十三年二月五日　平成二十三年四月十四日の計三回
に渡る、スカイツリーのエネルギーの方々
平成二十三年四月十四日　嘆きの壁のエネルギーの方　黒竜様
ニューヨーク証券取引所のエネルギーの方

〈以上一～八の項目にある方のお言葉〉

一．日向大神宮　九条山　H16・2・17
（小鳥　野鳥の囀り　華やかに）
上志満昌伯（以下＝上）　お出ましありがとうございます。お名前お聞かせください。高御産巣日の神様でございますか？
高御産巣日の神様（以下＝高）（うなずく）
上　ありがとうございます。お言葉頂戴致します。
高　宇宙の法はいい。長い年月　高い処から　この大土　支配してまいった。瀬織津比売より手配があり、新年明けてこの社でお待ち申し上げておりました。
上　ありがとうございます。

高　今や瀬織津比売　われらははるかに超え、宇宙の神界整え掃き清め流されその手腕たるや感服いたしている。高木の神より説得いただき、高木の神御納得のさま拝見いたし、この京都、事代主神界空けていただき、われらここにこの座を居て控え瀬織津比売この神手助け致す。この旨を使えておく。氏の近きこの御社三十五日お待ち申し上げた。

上　お言葉ありがとうございます。永き間すばらしい物質文明を造り上げていただき、深く感謝申し上げます。この土台の上にわれら理想とする精心文明を打ち立てることに努力致します。ワイオ理論の柱を持ってそのこと努めてまいります。真にありがとうございました。これからも物質文明を造ることは休みなく続けられていくと思いますが、高御産巣日の神様祖の神界これからどのように変わっていかれるのでしょうか？　教えていただけますか？

高　神々のまた民たちを統率する役目を永い間担ってまいった。おそらくこれよりこの神界瀬織津比売のもとにまいると思う。今までは仏（ほどける）の神界まとまりなく、まとまらなくてもよい神界のように思う。下の神々の神界は一つ一つまとまらなければ束にならなければ働けず、まとめて宇宙をつくる手伝いをしてきた。この高御産巣日神界、瀬織津比売のもとにしか行くことはできまい。

上　お尋ねいたします。高御産巣日神様と高木の神様の違いを教えていただけますか？

高　高木の神は高御産巣日神界おおよそ右腕となり手伝ってもらった。特に（武）の心非常に尽力をいただき、この大土も高木の神の創造といっても過言ではあるまい。われらそれを汲んで神々を従え統率する役目を持ち合わせた。

上　地球を支配してきましたフリーメーソン、イルミナティ、クラブオブアイリズ、この組織やはり高木の神様の支配のもとに……。

（田愉姫、激しく吐き気を催し、声が出せない状態となる。しばらく続く。フリーメーソンの名が出たことによりすかさず妨害が入った）

二．伏見稲荷大社　H16・3・30

上　倉稲魂神様でございますか？　お言葉頂戴致します。

倉稲魂神様（以下＝倉）　本日久方ぶりの参拝おわびと申す。ありがたく思う。しかと受け取る気持ち感激いたしておる。本日このご縁、この神が導いた。

上　ありがとうございます。稲倉魂大神様でございますか？

倉　さよう。

上　永い間、物質文明創造のための経済を担当していただきまして、日本はかくも素晴らしい経済大国となることができました。誠にありがとうございます。われらワイオ理論を学び、大きな時代の移り変わり、宇宙の法則のもとに変わることを教えていただきました。人間にとって基本的に大切な経済、これもまた大神様が造られた今までの経済に変わり、新しき形の経済に変わること聞かされております。大神様が創造されましたこの基礎の上にわれら真の精心文明を創造するために努めてまいります。今までのご努力に心より感謝申し上げます。今までの稲荷経済の現状、これからのことについてお言葉頂きたくお願い申し上げます。

倉　日の本において、この稲荷山は営みの総元であった。すべてこの山に終結した神々が日の本黄金流れ導き喜びまいった。おそらく民たち幸せであったように思う。

上　おかげさまでございました。

倉　ただ今申されたことが補食の神含め、これからのこと、理解しておる。この山にてそのことに触れられたのは氏そなた初めてである。本当に多少衝撃を受けておる。分かっておる、分かっておる。

上　ありがとうございます。

倉　民たちこの真が分かることは年月かかる。何も分からず一心に感謝を届け、またその逆さの意を持ち、それでも近じかは民の足も遠のく、これが様である。いずれにせよ民たち、働きの神の前で手を合わせておる姿、美しいものである。美しいだけに切なく思う。しかし琉球界より喜びの御霊が上がり、（この日に先だって三月九日琉球龍宮神界開門の神業が行われた）われますます時を感じておる。この移り変わりにおいては神界の争いはなく、交代清らかである。心配いたすな。

上　ありがとうございます。初めて大神様の心中を聞かせていただきました。われら多くの神様と縁を持ちましたが、本日の縁は本当の神様に出会えた思いが致します。ただ今のお言葉胸熱くなる思いで聞かせていただきました。ありがとうございます。これから大神様は永い休みに入られるのでございますか？

倉　そのようである。皆の者徐々に引き連れて、休ませていただく。人はこの神によって人の味わいなど金品を通して幸せを満足致し、かたや普通に暮らし、さらに金品流れず、心神より離れ、また登りの者登り切ったもの、登れば下らねば居場所が……自然の法則である。これからおそらく下りの者が増え、天の法知らず、伏見の神はつまらぬと民は騒ぐであろう。また稲荷山日向におれず影ばかり見てきた者、日の当たる位置が変わると日の射す場所、日陰の場所反対になる。これが世の道・自然・法。神も人もつらく思う。禊（みそ）ぐこと忘れ、人をいさめること忘れ、神頼ること忘れ、速やかに交代致せる準備をしておる。

上　ありがとうございます。世界はいまだに古い力が働き、日本の神界の動きを聞かせていただきますと、やはり日本の神々様の素晴らしさを改めて感じさせていただいております。私ども龍宮経済確立のため、全力を尽くして努力するつもりでございます。倉稲魂神様の築かれたこの基礎の上に、倉稲魂神様が純粋に願われたすべての民が豊かに暮らせる次の段階の経済を打ち立てるためにがんばってまいります。どうぞ見守っていただきたくお願い申し上げます。

倉　分かった、よく分かった。

上　ありがとうございます。

倉　民の事は任せておいてよいように思う。しばらく年月かかるが、これも引き際の美を持ってこの神、帳尻を付ける。

上　ありがとうございます。本日はお導きをいただき、お手配いただき誠にありがとうございました。

三．鹿島神宮神業　H16・4・16

武御雷大神

上　（奏上、祝詞）

これの神殿におられます武御雷大神様に上志満位、謹み畏みて申し上げます。先日はお言葉を頂きありがとうございました。われわれは日本神界の日本民族の創り上げました、世界に誇りうる歴史と文化を受け継ぎ、発展させていく責任を今強く感じている者として申し上げます。日本民族として歴史上最大の戦いでありました、大東亜戦争を考えますと、欧米諸国の植民地政策にあえぐアジアの国々を独立させた、世界に誇る大聖戦であったと確信しております。この大聖戦を指揮し、先頭に立って戦われた神様こそ武御雷の神様でございます。不当に仕掛けられた戦、強大な欧米列強の挑戦を毅然として受けて立ち、敗れたとはいえ、この戦いによって得られた結果を見ますれば、それは紛れもなく勝ち戦でありました。自国の利益・欲望のみの醜い戦いの歴史の中で真に神様の戦いにふさわしい聖なる戦いでありました。この戦いはわれわれに大きな誇りと勇気を与えていただきました。その後、残念なことに日本民族はこの聖戦の意味を正しく評価できず、神々様が示されました偉大なる侍魂が、次第に薄れてしまっております。時が過ぎ、いま再び日本神界の日本民族の真の姿を、その役割をワイオ理論をもって、世界に示す時がまいりました。このことはかつて武御雷神様が示されました侍魂を、形を変えて行うものでございます。世界人類が平和に差別なく貧富の差なく暮らせる、真の精心文明を創造する聖なる戦いでございます。われわれはこの思いを胸に秘め、この度立ち上がってくださいました多くの神々様と共に、歩みを進めてまいります。この聖なる戦い、武御雷の神様のお力なくして、事、速やかならず。犠牲者増えるばかりでございます。お力賜りたくお願い申しあげる次第にございます。お言葉頂きたくお願い致します。

※

上　お出ましありがとうございます。お言葉頂戴致します。

武御雷大神様（以下＝武）　まいったな。よくまいったではないか。……（はい）。奏上文、と
くと聞かせてもらった。真心で言いたきことはないのか？

上　真心をもって奏上させていただきました。

武　尋ねよう。御雷、聞き入れするとする条件、田愉姫引き渡してもらいたい。どちらを取るか？

上　引き渡していただきたいというその真意伺います。

武　聞いておるのだ。

上　田愉姫に代わる者はございません。われらにとって代わる者ございません。引き渡すことできません。

武　それゆえ尋ねた。

上　上志満、わが命、わが親神　国常立大神様、瀬織津比売大神様、両神に預けてあります。役目済んだあかつきには武御雷様の思うがままに使っていただきたく、そのことで了承いただきたく思います。

武　この御雷と秤にかけると、今妻それゆえこちらで田愉姫活躍いただきたい。氏、思う心と同じ。どうする？

上　われらの願いまするとは、武御雷の神様の本来の働き、武、武とは矛を止めるもの、その働きお願いにまいりました。そのことに役立つことであれば、われらは共に行動させていただきます。

武　共にではなく、田愉姫を指し示しておる。どうする？

上　どのようにでございますか。田愉姫をどのように使われるのでございますか？

武　今まで、そなたたちが崩してきた、このわれわれ神界を共に立て直したく思う。どうする？　立て直したあかつきにはどのような変化が起こるのでしょうか？

上　元の形に定まった位置に戻って、元なる世に戻すとなり。

武　お尋ねいたします。先ほどの奏上文、わが真意でございます。そのことについてお答えいただきたく思います。

上　充分聞かせていただいた。

武　ありがとうございます。私はわが親神と瀬織津比売様の元で行動する者にございます。もともと武御雷様のお力賜ることのお願い、その範疇でのお願いにございます。その中での行動であればわれら喜んで行動致します。

上　雷、例えば了承した、といたそう。まず一番に望むことは何か？

武　世界が間違った宗教、間違った武の働き、そのことまだまだ続くように思います。そのことを止めることをお願い致します。

上　戦を止めさせるのか？　我神界を崩そうとしているのか？

武　崩そうとは思いません。プラスに働くかマイナスに働くか。プラスに力を発揮していただきたいということでございます。

上　もう一度尋ねる。プラスに発揮、人間の代表として田愉姫の存在が欲しい。どうする？

武　田愉姫の人間としての存在を失くすという意味でございますか。

武　そうとも言えるかもしれないし、そうでないと言えるかもしれない。

上　人間としての存在、肉躰を持った人間としての存在を否定することはお断り致します。人間でありながら神としての行動を取ること、そのことにおいて協力を致します。

武　そちらにいては不都合であろう。どうする？

上　不都合であるならば、このわれらの願い叶わぬものとあきらめます。

武　今日の日、天空童子お見え、いたいけなく見させていただいた。この者菩薩の役目あり。すまなかった。氏の心、真の心、試してみた。任せて大丈夫だと思う。高木神背中押され、辛辣（しんらつ）な言葉となってしまった。惜しくも思わずすべてあるがまま、この二、七日すべてよし。とつ国へと飛ぶ、国も治めること、わが神界のみでは無理であろうが、ここに貴様のまったき心感服致し、できるだけやってみる。

上　ありがとうございます。

武　真の心覗けてうれしく思う。

上　ありがとうございます。

武　雷、田愉姫存在少し嫉妬あった。故、試してみたくなった。真の心・真の姿に触れ、少し時かかろうとも我の自尊心においてやり抜き、ゆくゆくは国常立他にすべて譲る。

上　ありがとうございます。

武　契りであるから破ることはない。

上　ありがとうございます。

四．屈斜路湖龍宮神業　二日目　H16・5・27
高木大神　（宇三合）　フリーメーソンを動かす神々の一神

高木大神（以下＝高）　昨夜は神産巣日、共に過ごし、話をしたこと、至福の時でもある。懺悔と繁栄の狭間にある。涙を流し、神産巣日優しくしなやかな御手でもって、ぬぐい取ってくれました。元なる心、理解をしておりました。異国の地で味わった異なる国の事情、神々優しさと一丸となって進まれる勢いは、大土広しといえども、日の本の神に勝る神はおるまい。そう思っております。

上　神屋楯比売大神、異国では知られぬ女神様でございますが、神産巣比の田愉つきの神様、ご縁結ばれた、そう思っておりまする。常に下に下、下に控えられ、謙虚であるお姿、わが国の神の姿にはおりません。お光を頂いたように思います。われの居場所よりはるか彼方より届いた御光の様に思いますが、如何でございましょう？
大神様に無元の界より届けさせていただいた光です。宇宙の新しいルールの皇の光でございます。高木の神様の心中お察し致します。

高　われ、この湖にはおられまい。近く摩周湖と名付けられた湖がある。そちらでお礼を届けたく思う故、この湖で御業成し遂げられたあかつきの折、東東北方向にある湖で待っておる。尋ねていただきたい。場所も問わぬ。そなたたち、ご到着なられた場所にこの高木まいります。御業滞りなく終了なさることを祈っています。しかし田愉姫という人、ギブアップした。驚いたぞ。時ただ今より三十分の後、残りの御業なされるとよかろう。

上　分かりました。ありがとうございました。

※祖の時代の頂点において活躍した神が、いきなり宇宙のルールだからとその場を追われたら、感情的に素直になれないことは理解できる。抑えきれない感情も、人間の誠意と優しい女神の説得、慰めによって消えていったと思われる。イギリスから来られた高木の神にとって、日本的な自己犠牲の美しさ、これでもかと自己アピールしない謙虚さを、田愉姫・神屋楯比売神に見せられ、自己の激情を抑える大きな力となっているのであろう。

開門神業開始　　午前11時30分

屈斜路湖罔象波乃女（以下＝屈）　支笏湖・洞爺湖龍宮神界神々、西の口よりご到着。サロマ湖龍宮神界神々、北東よりご到着。摩周湖・阿寒湖、東西よりご到着。雄嶋・いぶり・石狩・宗谷龍宮神界龍王様、天空より神界に入られました。樺太南海上七十キロ沖の神界よりご到着。オホーツク以北龍神ご到着。国後沖百四十キロ神界龍神ご到着。最後蝦夷の地中心なる湖・蝦夷の地運命支えられ興された龍神・然離別湖神々ご到着。ただ今定められた位置にお着きになりました。水流激しく、淀み流され、清らかな神界入り口、さま・形は琉球龍宮神界と同じでございます。上空金華山沖、市杵島大神様による天の羽衣の舞、諏訪湖罔象波乃女大神様より宴の御神酒、十和田湖罔象波乃女大神様よりぬく水の御振る舞い。ただ今より神界深さ百十六メートル下、綺麗扉ただ今開きました。数分の後、水面のご様子お察しください。南より東の向きに、大土と、大土と同じ向きに変わります。ただ今風、ただ今の風は宇宙龍神様が回られています。お知らせなり。屈斜路湖罔象波乃女、ここに御礼申し上げ、開門につきましては、一同ひれ伏して御礼申し上げております。

※難攻不落と思われた屈斜路湖龍宮神界開門もこうして無事に開門された。琉球・諏訪湖・十和田湖と四つの門が開かれたが、本当にこれが世界を動かしている資本主義経済の巨大な仕組み・力が崩壊していく始まりになるのだろうか？　神業に参加した人間にも解らない。それでも矛盾に満ちた今の世界経済を見た時に、大きな期待を持たずにはいられない。神が示す三年、十年、十五年の変化を期待と共に見て行きたい。開門の業は、昨日の激しさが嘘のように、穏やかに数分の後に終了した。

瀬織津比売大神

瀬織津比売大神（以下＝瀬）　瀬織津比売と申します。

～ありがとうございます～

瀬　蝦夷の地は長雨もなく、この地さわやかな空気流れ、この御業めでたく成し遂げられました。思い起こせば春先南の地を、また春なのかとはいえ、山の頂には雪を残す、そんな中で諏訪湖また春終わりのこの諏訪湖、また奥入瀬の新緑と真水の中、国常立様のお名前頂かれております、十和田の湖、そしてやっとやっと春の足音開けますこの蝦夷の地、わずかの期間に一同ありがたく、ありがたく存じまする。いつも、いつもこの瀬織津、そなたたちの感激いただき、感動を味わせていただき、幸せでございます。指示することばかり。動いていただかなければなりませぬ。神という宿命でございましょう。お手配多くの神々はお手配しかできませぬ。この地に下りて、大地の地を踏みながら直接動いてくださるのはそなたたちしかございません。お手配は上から見るとよく見えます。容易でございますが、お手配を感じながら動いていただく、その困難さは、云うに言えぬ葛藤も確かにございましたことでしょう。よくぞここまで、ここまで乗り越え歩んで、幾峠を越されてこられました。高い所から見るにつけ、皆の者がそれぞれ役目あっての神業でございます。どれ一つ取りましても成り立たぬ、どれ一つ欠かさずに御神業お済ましました故に、ここに目出たく成功見ることになりました。この日の本、龍宮神界四カ所ご開門することにより、次第に上向き調子で十五年のうちにおそらく、なだらかな民たちの和み満ち、満ち、小さな社会が各地に出来上がり、小さなる社会がそれぞれ共有し合い、民たちの心失うもののない、そういう社会が大土、この日の本が先駆けること、なりますでしょう。

後は御嶽の国常立様の状況にもよりまするが、ただ今順調でございまする故、どうぞ次なる御神業、御嶽のお力どうぞ増していただけるよう、山には力が満ちておりまするので、民たちに伝える、民たちに分け与えるお手伝いくださいませ。ここ三年で大きく御嶽は変わります。どうぞお手伝いくださいませ。この龍宮神界、御嶽のお力も左右秤にかけるとしても、釣り合う程のもの、半分ずつのもの、合わせて、合わせて進まれて成るもの、道それることなく、このこと心に入れてこの道まっしぐらにお進みくださいませ。役者ぞろいのご神業、瀬織津自慢でございます。申し添えたきことがございます。昨夜はありがとう。昨夜は田愉姫助けていただき、支えていただきありがとう。出るに出られずつろうございました。おめでとう。おめでとう。

摩周湖　午後1時52分

上　お出ましありがとうございます。高木の神様でございますか？　先ほどはありがとうございました。お言葉頂戴致します。

高木の神様（以下＝高）　この摩周まで呼びつけ、申し訳なく思う。この申し訳なさめったにないこの様にて、そなたたち心深くこの様を焼き付け、これから生きてほしいとこの高木、神として最大の力集め、束ね、差し出しておりまする。素晴らしいではないか。自然の雄大さや優しさ、清らかさ、さわやかさ、外に冷たき風も心の中に入ればペチカのごとく温かく人の身体を巡り、この大いなる自然を前に人間の成せるもの、何とちっぽけなことであろうか。謙虚にもなり、この宇宙内に住まい、決して自然を宇宙を超えて飛び歩く、それは人の力ありえない。すべて宇宙の内でうろうろするのである故、このこと「九牛の一毛」という。われこのこと伝えたく、これより歩まれる心の糧にしていただきたく、われとして最大の働きをさせていただきました。お礼に最大の宇宙力、その力をお与え致しました。

上　ありがとうございます。私ども思いがけなくも、このようなお言葉を頂きました。われわれには少しばかり高木の神に対する誤解があったかもしれません。素晴らしいプラスの部分を見せていただき、一同感激しております。本日のお言葉しかと心に留め、これからも神の役に立つ日々を過ごしてまいりたく思っております。お言葉ありがとうございます。

高　日頃、高木神界よく思っておらぬそなたに、返しの言の葉として今頂いた言葉、うれしく思うし、その言の葉これより後、お忘れになることなく歩まれること、助言、神としての高木より申し添えまする。

上　ありがとうございます。われわれ昨年の七月より多くの神々様とご縁を頂き、神々様の真実の姿を見せられてまいりました。そこに高木の神様のお言葉書きとどめ、広く人々に伝えていきたく思っております。ありがとうございます。

高　伝えてもらわんでもよろしいが、民の目に見える形で残っているもの多く、ただし、われ高木神界は創造物として捉えていない民が多い。このことはもっともで、はるか振り返れば実によく働いてきたように思う。見ると、民の喜び、民の笑顔、神界どこを探してもこの高木神界より多く顕在している神界はないであろう。喜びと感動の連続であった。そうしてわれ、神界散攪してしまった。引き際の悪いことよ。素晴らしい部品を残し、それで納得すればいいものを、さらに人と間と物とそれより発展する金の流れの太さを計算した。これより先は、この流れの太さがなくなる。そのようにそなたたち神業なされた。おそらくはそのようになるであろう。ただただ、喜び事、楽しみ事、このことのみでは世の中、人の輪の中・系・政のみでは恐らく崩壊の導きとなる故、発展的な今後を思うのである。一つ、人間の真理と、一つ言葉の信義を説き伏せて、なるべく誤解のない集団に、蛇取りしていただくこと望む。

上　分かりました。今までの時代、高木の神様が宗教という形で人間に与えたことございますでしょうか？

高　すべての世の中の仕組み、それにかかわりきた故、われには宗教も一つの仕組みの中の一つの手段、一つの方法であったように思うが、民たち潤いの権力のため、宗教創られた。もっとも、それを宗教というが、一つ一つ人々が造ってまいった。そのことは傲慢という言葉でもって申す神界もあるが、高木としては良しと致した。

上　高木の神様はどちらの国から来られたのでございますか？

高　われ、直接役目として与えられておるイギリス、我下で働く神はアメリカ、その下神たちはアジア。つながっておりまする。

上　ありがとうございます。やはりヨーロッパ・アメリカもこれから大きく変化していくのでしょうか?

高　変わりはじめは、欧米が早かった。中身は少しばかり浅き故、表面変われば終わりと、そのような頭脳しか働かぬ知識ありませぬ。

上　最後に御礼の言葉として、謹んで申し上げます。われらはこの大いなる物質文明を造ってこられました高木の神様、そのご恩は決して忘れることなく、その土台、基礎の上に新しい精心文明を造っていくことを改めて、高木の神様に申し上げます。永いこと真に、ありがとうございました。

高　ありがたいことである。ただ今向かいの山、西より四番目のあたり、頂におります。これにて引き下がるとする。

上　どうぞ行く末安らかにお見守りくださいますようお願い申し上げます。本日は真にありがとうございました。

高　いいではないか……、いいではないか……、いいではないか……。

五．温泉神業　アルカディア　広島　H21・3・18
皇の一　三十三　　皇のエネルギー九％↓一〇〇％

ミネラル　　二％→九％

三カ所の源泉からボーリングして出てきたお湯を使っている。

・一カ所目　一〇：一五〜一〇：二一　二拍手→奥次元二十四合目のエネルギー、光を送り水源を皇に変えた→一拍手→小槌九回で一〇〇％になった。ミネラル二％が九％になった。

・二カ所目　一〇：二六〜一〇：三一　同行程　小槌九回　同じ％

・三カ所目　一〇：三五〜一〇：四二　同行程　小槌九回　同じ％

身体が自然と向いた場所に大蛇さんがおられた。

お札を大己貴大神と大蛇殿に二枚ずつ。お酒も一緒に添えて。大己貴大神の飲んだ後は色が変わっていた（うっすらゴールドの色が、味も甘くなっていた）。

◇大蛇さんのお言葉

上　大蛇殿、長きに渡りこの地をお守りくださりありがとうございました。ご苦労様でした。お札にて送らせていただきます。後ほどお言葉頂きたく思います。

（一礼される）

大蛇　待っておりました。千五百年、時を経てこの地を守護してまいった。

上　ありがとうございました。

大蛇　しっかりと次を引き継ぎ、この地を離れたく待っておりました。やっと終わった。
上　ご苦労様でした。
大蛇　うん。
上　お酒はお好みの味でしたか？
大蛇　おいしかった。思い残すことなく行ける。
上　はい。
（一礼される）
大蛇　氏、（礼をされる）ありがとう、世話になった（涙を流される）。

◇大己貴大神様のお言葉
（一礼される）
上　お出ましありがとうございます。お言葉頂戴致します。
大己貴大神様（以下＝大）　来てくれてありがとう。
上　はい。
大　この地の温泉の湯、皇へと変わり、そしてこの地のやせ細った土も、この湯の滋養を得て土も変わるであろう。
上　はい。

大　なかなか、われらの力だけでは変えることもままならん。時がかかりすぎる。急がねばのう……。お湯が潤い、土地が潤い、そしてこの地に住む人々潤い、そうでなければのう……。大繁盛させねばのう……。

上　温泉のミネラルを多くするために何かわれらにできること、ございますか？

大　ちょっとわしが小細工しようと思った。そなたに失礼かと思ってやめておいた。やっていこうかのう……。ようやってくれるのう……。すべては、すべては目に見える結果じゃ。いくら神とて、ただの神にはなりとうない。最善を尽くそうぞ。

上　ありがとうございます。この温泉の経営も変わるようでございますが、K殿に何か一言お願いできますか？

大　はい、素直な意見を！　己のお客となった立場になって、素直な意見を述べること。思ったことを言うこと。そなたの思いを伝えること、それだけでよい。

上　はい。

大　うん、簡単なことぞ。躊躇するな、遠慮をするな。それを求めておるのは紛れもなくこの地を経営する者じゃ。時には喧嘩になることもあるであろう。そなたを男と見込んでこの地に残しておる。大和魂見せてみよ！　それだけじゃ。

上　K殿の真心通じる相手ということでしょうか？

大　腹を割らずに心は通わぬ。そなたたち、まだまだ今からじゃ。時にはぶつかることもあるぞ。素直な、素直な意見を述べることじゃ。

上　大己貴大神様の依代、この地にありますか？

大　あるが、あの大蛇殿、あの場所に我、大己貴、依代と引き継いでいこう。守られた地、これからは私が守っていこう。

上　はい、ありがとうございます。今後ともよろしくお願い致します。お言葉ありがとうございました。

大　ありがとう。

六．平成二十二年のエネルギーの方のお言葉

軍需産業のエネルギーの方のお言葉　H22・10・29　篤姫

上　ようこそおいでくださいました。軍需産業のエネルギーの方ですか？

軍需産業のエネルギーの方（以下＝ぐ）　さよう。

上　お言葉頂戴致します。

ぐ　日本国の中で、これまで造り上げてきたこの最も巨大なる、どれほどの税金を投じ、われらを構築してきたか。何のためだ？

上　日本の防衛ですか？

ぐ　そうじゃ。

上　はい。日本は技術において、世界一ではありますが、しかしそれは、軍需という形においても使われてきたと思います。やはり今までの時代、それはそれぞれ守る形でありますが、むしろ侵略の形で使われてきました。純粋に守るエネルギーとして本来持っていて保証されていたと思いますが、随分その真の目的とは違って使われてきたと思います。

ぐ　真じゃ。当時のわれらの思いとは真裏切り行為のような屈辱を味わせていることがそなたには分かっているのか？

上　はい。

ぐ　世界に、ましてや中国などに媚(こび)を売るようなこの日本国、政治家ども、何ができるか‼

上　真に、腹立たしい限りでございます。

ぐ　そうじゃ。この悔しさ、この無念の心が……この無力感、分かるか？

上　はい。

ぐ　できることならわれらの手で、やるしかないとさえ思ったこと、そなたに分かるか？

上　分かるつもりでございます。

ぐ　だが、もうよい。もうよい。

上　はい。

ぐ　今一度、われらにそのお札を使ってくだされ。

上　はい。

上　（ここでお札を「軍需産業のエネルギーの方々」で七枚書く）

上　軍需産業の日本の力をもってすれば、決して大国に惑わされることなく、媚を売ることなく、堂々と大国としてここまでこられたと思います。

無念の心中、私も真に同感でございました。どうぞ今までの無念の思いをすべてのお札に乗せて安心してお休みください。送らせていただきます。

ぐ　氏、

上　はい。

ぐ　中国だけは、許せぬ。

上　はい。

ぐ　この心はわが国を愛する、わが国のために生き続けてきた、われらの真の愛国心じゃ。必ず、必ず、やり遂げてくだされよ。

上　全力をもって対応致します。

ぐ　（お札に）しかと乗せていただいた。

（お札を焚く）～燃えたお札は、かなり高く上がった～

上　いかがでしたでしょうか？

ぐ　今、日本の港が見える。体が軽く、心は花のように軽やかじゃ。この香りはなんじゃ？

無念の心は薄らいでいくぞ。
さらに日本国を愛する民たち、幸せになってくだされ。
上　長い間、ありがとうございました。ご苦労様でした。
ぐ　ありがたき、感謝申し上げます。

〈篤姫の霊視によると……〉

戦闘機みたいなものがあり、ライターの音で指令を待っていたかのように、動き出し、まっすぐ向いて、ふわっと浮かび上がり、港が見えて、それを眼下に空に昇っていくような感じがした。最後の残り？　のような感じ。

体が軽くなっていくような感じ。

◇コーヒーのエネルギーの方のお言葉　H22・10・1　篤姫
小川珠実（以下＝小）　コーヒーのエネルギーの方ですか？
コーヒーのエネルギーの方（以下＝珈）　はい。
小　お言葉お願いいたします。
珈　コーヒーがなぜ悪いのですか？　コーヒーが人間の体に入って、なぜ悪の環境を作るのですか？　私は聞きたい。

小俣尚美（以下＝俣）　日本では作られていないですね。外国ですよね。

珈　そうです。気候が日本には不可能なのです。気候だけではありません。土地です。莫大な土地が必要なのです。

岡田富子（以下＝岡）　やはりその国の民族に合ったものということからいうと、コーヒーは少し違うのですか？

珈　確かに、日本の壌土には適しておりません。日本の気候にも適しておりません。もともとは日本人はコーヒーなど口に合う民族ではありません。日本茶というのがあります。ではコーヒーは何のために日本に入ってきたのか、お分かりですか？

俣　やはり、営利でしょうか？

珈　そのとおりです。今コーヒーが体に良いという、メディアの訴えを聞いたことがありますか？

皆　はい。三杯飲んだら癌に効くということを、さっき聞きました。

珈　あれは日本人ではありません。あの統計は日本の統計ではありませんよ。

皆　はあ～……。

珈　だまされてはいけません。コーヒーの何が悪いのですか？　という時に、きっちりと言ってほしかった。われわれコーヒーの立場から言えば、もともとは気候の強い、日差しの強い、民族がコーヒーを飲むことによって、体内温度が調節され、体の状態が穏やかになるのと同時に、陰陽のバランスが働き、もう一方ではとても覚醒してくるというエネルギーが拮抗して働いてきます。そのために興奮剤が入っていると、日本の皆様は聞かされてきたと思います。眠気防止、またはコーヒーを飲むと眠れなくなる、コーヒーを飲むと眠気が襲うのを妨げられるというようにして、コーヒーは広く日本の皆様方にも愛されるようになりました。一杯くらいは特に影響はありません。しかしコーヒーが好きな方はとても一杯では収まりきれないですね。二杯、三杯、四杯とどんどんエスカレートしていき、さらには麻薬のように飲まないといられなくなってくるのも、私たちのマイナスの部分です。プラスの部分と、マイナスの部分をこれほど明確に持ったものは、おそらく私たちが最大のものでしょう。確かに、意識は覚醒されます。しかし、その半面、細胞は破壊されていくのをご存じですか？

皆　はあ〜……。

珈　まさしく、大麻に近い成分がコーヒーの中には含まれております。子どもにコーヒーを飲ませることはしないではないですか？

皆　はい。しないです。

珈　それは子どもを守るという、親の自然に与えられた愛情からです。このようなものはこれから先は生きられません。これまでの時代だったからこそ、われわれは多くの金銭欲に突っ張った者たちに支配されてきました。もともとのコーヒーの木を作ったのも、目的は営利です。中毒にさせようという成分を作り出すように設計されてきました。特に日本の風土には合わないということが、何よりもいらないものと思ってくだされればよかったのですが、手を変え品を変え、おいしいと……。営利を目的としたものが、さまざまなコマーシャルをかけ、世界中に売りさばいた結果です。真の栄養学ではコーヒーを口にしてはいけません、と言います。それは神の声です。これまでの時代とともに、私たちは消えます。これからはもう私たちを飲みたいと思う方はいなくなります。どうぞ、今のうちです。しっかりと好きだと思う人は今のうちだけです。いつまでも続く私たちではありません。この話を聞いてすぐに私たちを嫌いにならないでください。

皆　(笑)みんな今飲んでいますよね……。

小　コーヒーの匂いが大好きなので、なくなっちゃうことが悲しいですよね……。

珈　今はそのように、言ってくださる方は世界中におります。しかし先ほども、どなたかおっしゃっていましたが、細胞の記録が変わるのですよ。もう仮に私たちが目の前にあっても飲みたいとは思わなくなります。大丈夫です。安心して、今だけです。無理して飲む必要はありませんが、飲みたいと思ったら飲んでください。大丈夫ですよ。今まで日本の皆様にもたくさん喜んでいただいて、これ以上うれしいことはありません。私たちは時代が変わる時には、潔く引退することを当初から分かっておりました。本当に長い間、愛してくださった皆様、ありがとうございました。

皆　ありがとうございました。

か？

◇コーラのエネルギーの方のお言葉　H22・10・1　篤姫

小　コーラの方ですか？

コーラのエネルギーの方（以下＝コ）　そうです。

小　お言葉お願い致します。

コ　私たちは美味しいですか？　好きですか？　嫌いですか？

岡　私はちょっと苦手です。

小　私も苦手です。

俣　私は好きではないです。

斎藤一夫（以下＝斎）　好きな時と嫌いな時がありますね。

コ　皆さんは正直ですね。

皆　（笑）

コ　だいたい私たち自身が出てきて「好きですか？　嫌いですか？」と聞いた時に、曲がりなりにも「好きです」と答えるのが、今までの、そうです。今までの時代に合った生き方だと思います。皆さんは今の時代には合わない生き方をしていると思いますが、いかがですか？

小　はい。そう思います。

コ　まさしく私たちは当然、誕生したその時から、人間を中毒にさせて絶え間なく欲しがるためにはどのような成分を配合したら、法の目をくぐり抜け、そのようなものが生まれるかを、日夜、闇の世界で研究され、それが出来上がるまで二年を要しました。すべては暗黒の世界により、創り上げられた黒い飲み物です。心ある方は歯が溶ける、内臓が劣化する、飲んではいけないという話をお聞きになりましたか？

皆　はい。

コ　真、そのとおりです。今皆さんは子どもに、多く病を持った子が出てきていると思いませんか？

皆　はい。

コ　小さい子ですよ。親が多くわれわれを飲み続けていた。細胞の劣化にて真、健康な赤ちゃんなど生まれるはずもない。正直今だから言えることです。では、われわれを誰が造ったと思いますか？

岡　フリーメーソンですか？

コ　神ですよ。

皆　え～……神様……？

岡　バランスなんですか？

コ　神も人間と同じです。すべては陰と陽のバランスでこの世は成り立っています。神の世界も悪へと導き誘う神と、真の人間の心を導く神と……。では今までの世界はどのような神が真のこの世の中を造ってこられたと思いますか？

小　日本神界の中のお方ですか？

コ　いいえ。

岡　（小声で）命さま……？

コ　何と申しましたか？

岡　すみません。命様が今までの時代も造っていらしたのですか？

コ　命様はいつの時代も頂点にいます。今までの祖という時代はどのような神が造ってこられましたか？　という質問です。

斎　高木の神様とか……

コ　そうです。その高木の神が命じた物作りの神様です。すべてはこの世を支配しようという人間と、それを喜び、手助けをする神とで造られたのは、皆さんもよ～くご存じの悪の手の象徴的な物の大麻です。その大麻からいえば、赤ちゃんのようなものですが、われわれは同じ目的を持ってこの世に誕生しました。ですが、先ほど出られましたコーヒーの方には負けますよ。そのような企みで作られたわれわれです。どうかこれ以上、われわれを口にしないよう心ある方にお伝えください。

皆　はい。
コ　決して良いことにはつながりません。子どもになどもってのほかです。飲ませないでください。そのために氏がわれわれの言葉を聞きたいと、あの時にこの者に視線を投げかけたこと、よく見ていました。何か聞いておきたいことはありませんか？　最後ですよ。
岡　コーラの方以外のことを聞いてもいいですか？
コ　よいですよ。
岡　先ほどコーヒーの方に伺いそびれてしまったのですが、缶コーヒーとここで、沸かしたコーヒーの違いを……。
コ　真逆の違いがあります。皆さんが今飲んでいるコーヒーは作る工程で、とてもいい水を使ったりしませんか？　それでかなりの悪いと言われている成分は希釈されます。しかし、缶コーヒーは、そのまま一〇〇％入っています。決して飲んではいけません。
皆　はあ～……そうなんだ……。
岡　よかった。聞いて……。
コ　よいところに目をつけましたね。まだまだこのコーヒーははるかに良いです。缶コーヒーは飲んではいけません。
皆　はい。分かりました。
小　もう一つ質問していいですか？

小　はい。

コ　コーラと同じような感じで、サイダーとか同じ炭酸系のものがあると思うのですが、それは同じように身体によくないととらえてよろしいのでしょうか？

コ　まだサイダーは作る工程でとてもきれいな水を使います。

皆　はあ〜……。

コ　まだいいと思いますが、しかしこれから生き残る物ではありません。消えていきます。

小　ってことは、ビールも消えますか？

皆　（笑）材料はホップだよね……。

コ　消えるものがありますね……。長い間にはすべて消えます。しかし、物事には順序というエネルギーがあるように、アルコールと言われているものも順序で消えていきます。炭酸のものはあのように発泡酒と言われているようなものは、同系と考えてください。消えます。

皆　消えるんですね……。

コ　もともとは目先を変えて購買意欲をそそるためのものです。

小　はい。そうですね……。

コ　なぜ、安価のものでビールと称されるのか、そこをよく考えてください。

岡　内容を落とされているのですね……。

コ　そうです。安かろう、悪かろうという範疇のものですよ。他はありませんか？

岡　すみません。ちょっと違うかもしれませんが、コーヒーの原材料と同じようにチョコレートが材料的には一緒なのですが、これも子どもには食べさせてはいけないというのは、これも同じですか？

コ　チョコレートの中でも種類が大きく分かれています。全く安全なものは残っていきます。しかしそうではないものも多く出回っております。言うならばチョコレートは保存食ではありませんか？

小　はい。そうですね。

コ　大きくは保存食としてこの世に生まれてきています。

岡　はあ……そうですか。

コ　では保存食はなぜ必要なのでしょうか？

小　災害などの時に食べられるように緊急用ということですね？

コ　そうです。緊急用というならば、そのような危険な目に遭うことは多く可能性として起こる世の中だということが裏返しにあるのではないですか？

岡　そうか……いらなくなるんですね。

コ　そうです。食する物も保存食と常備食というように、常備食と言われるようなものは、ほとんど今までの時代のものということを理解してください。他にはありませんか？

保　今までコーラ中毒という言葉を聞いたことがあるのですが、かなりコーラを飲まれた方の身体はどうなんでしょうか？

コ　大丈夫です。書き換えられます。新しい時代に生きる方の細胞はすでに七〇～八〇％、早い人では数カ月前に一〇〇％書き換えられています。どんなにどのような悪い物が体内に入っていようと、これからの新しい時代を生きる魂を持った方たちは書き換えられます。しかし多くの人体に良くないと言われている物質を身体に入れた方は、新しい時代に移る前に一度は排出という形で、出てきますことをご理解ください。これは当たり前の現象です。入れた物は出さなければいけない。これが自然の法則と受け止めてください。あとは大丈夫ですか？　ほとんどすべてのことに答えられますよ。

小　ではちょっと関係ありませんが、ワクチンを今まで小さい頃から受けてきたものも書き換えられたということで、それも副作用的なのがある時に出るということですか？

コ　はい。覚悟はしておいてください。一度は高熱という形で出てきます。しかしその時に、決して決して、使ってはいけないのが化学薬品ですよ。飲むことはもちろん、つけることもすべて駄目です。

皆　はい。

コ　心臓と末梢を平らにし、体温をこもらせないよう薄着にし、部屋の明かりを少し落とし、皇の水がここにはたくさんあります。この皇の水を限りなく飲ませ続けてください。食べ

皆　物が、もし入らなかろうと、皇のお水さえ飲んでいれば真、心配はいりません。くれぐれも覚えておいてください。
吉　はい。
コ　その時に皇の水でお茶を作って、お茶で飲ませてもよいのでしょうか？
吉　駄目です。お水だけです。お水を汚さないでください。
コ　はあ……分かりました。
岡　お茶は消える物です。
吉　農薬がいっぱいって言っていましたね……。
コ　麦茶でも？
保　一緒です。
コ　無農薬のでも駄目なんですね？
吉　無農薬であれば、まだよいです。しかしできるならばお水でやってください。
　　最近、日本脳炎のワクチンが新しく出来て、「受けてください」って言われたんですけど……。
コ　無視してください。
吉　はい。そうですね。
コ　すべてはフリーメーソンに動かされているものから始まったものです。記憶としてどんなに記録が消せても、記憶が受け継ぐものに残っているのです。ですから無視をしてくださ い。他には……？　最後に一言いわせていただいて、よろしいでしょうか？　多くの人間を傷つけてしまったわれわれ最後は、真の人間の幸せを祈りながら、引退させていただきますが、これから来ると言われている宇宙の大革命。この後残る人間は限りなくこの世に生まれてくる時に、ある一つの記録を持って生まれてきた方たちと伺っております。その方たちは百人と聞いております。百人の方は大革命が落ち着いたころから、大きく浮上してくると聞かされました。ここはその拠点となる大切なエネルギーの集まる場所だそうです。したがって、われわれはここに最後のご挨拶に参上してきています。どうぞ魂の記録にある銀色に輝く文字、この文字が書かれている方がここに来ます。ここに集まりし多くの御魂、多くのエネルギー体、すべては発祥だからゆえです。これをお忘れなく。これからは、どうぞ魂の赴くままに御働きいただきますようお願い申し上げます。真に、真に申し訳ありませんでした。

皆　ありがとうございました。

◇気学のエネルギーの方々　　H22・12・5　コウ姫

上　Sさんが学んでいらっしゃる気学のエネルギーの方ですか？

気学のエネルギーの方々（以下＝気学）　はい。

上　いろいろとお話しください。

気学　はい。もう気学も随分役目を果たしてきました。吉方だとかいっても、それが全部が今までは、六割くらいは通用しました。ただし、四割ははずれています。なぜかといえば、気学は占いのようなものです。統計学と一緒です。すべての方、万人に当てはまることではありません。それを高いお金を出し学んでも、もう今は三割しかありません。三割ということは、七割は学んでも実践しても、結果は伴ってはいかないということです。あと三割はまだ残っています。実践すれば少しは結果も出ます。

上　気学のエネルギーというのは、はやり祖の時代に必要である、祖のエネルギーによって動いているものですか？

気学　いいえ、違います。日本だけではないのです。中国からも渡ってきています。

上　先程三割と言われましたが、時間と共にその三割は、さらに少なくなっていくんですか？

気学　はい。

上　平成二十五年には、やはりもう……。

気学　必要がなくなっていくかと思います。色、色彩、こちらの方はとても良いと思います。これは残っていくでしょう。香り、これも残っていきます。風水、今はまだ効力は出ています。徐々に、徐々に、この三年で力はなくなっていきます。

上　今先程、三割と言われました。で、今気学を学んでいる方々に、やはり現実を伝えていかなければと思っておられますか？

気学　やはり時代が大きく変わっていることが、われわれは感じとっています。頼るのではなく自分で歩き出すという時代に変わったということ、よくよくわれわれは感じとっております。趣味としてやるのは良いかと思うが、そこでお金が生まれるということは良くないかと思います。

上　気学というものの一番本質的なものは、分かりやすく言えば、どういうことでしょうか？

気学　気の流れです。

上　気はこれからもずっと存在していくと思いますが、流れが……。

気学　もちろん。

上　流れが変わるのですか？

気学　はい。流れはもちろん変わっていきます。気は変われません。これからも気というものは存在します。

上　新しい形で気学というものが登場することはないということですか？

気学　名前は変わって他のものは登場する。気学という名前でなく。

上　ほぉ〜。学という形で学ぶ必要があるのか、自然に必要な気を取り入れていくようになるのか。

気学　自然です。自分で感じ取るようになりましょう。今までのように、南に行け、東に行け、また戻れとか、くだらんことを考えた、そんなことは本当は必要なかった。そんなことは本来する必要はなかった。自分が変わればよかったのである。厄は、落ちるということだったんです、本来は。

上　いずれにしましても、気学というエネルギーの働きで、多くの方が助けられてまいりました。長い間真にありがとうございました。われわれはワイオ理論というものを学んでおります。ご存知でしょうか？

気学　はい。聞いています。

上　新しい時代を想像していくワイオの力、お札を是非、気学のエネルギーの方々にも、体験していただきたく思います。

気学　待ち望んでいました。お願いできますか？

上　はい。

（お札を二枚焚く）

気学　ありがとう。ありがとう。

上　感想をお聞かせくださいますか？

気学　癒されました。のしかかっていたものが、とても体が楽になりました。う〜ん。がんばらなければいけないという精心的、肉体的な疲れが癒されました。ありがとうございました。

上　長い間、本当にご苦労さまでした。
気学　いやいや、ありがとうございました。
皆　ありがとうございました。

◎平成二十三年度のお言葉
◇介護業界のエネルギーの方のお言葉　H23・2・3　篤姫
上　お待たせいたしました。介護業界のエネルギーの方ですか？
介護業界のエネルギーの方（以下＝介）　はい。
上　お言葉頂戴致します。
介　見ていて切ないものを感じ、なぜ同じ人間であるのに動物のように感情を表現することもできずに、目だけ、目だけが動いておる。なぜそのような体になってしまうのか、人間とは、老いとは何かをこれほどまでに考えさせられたことはない。介護、その言葉の意味を今一度、一人一人の方になぜ介護が必要なのか、なぜそのような体に人はなるのかを考えたことございますか？
上　ワイオ理論によってその原因を知ることができました。
介　これから私たちは、どうなるのでしょうか？
上　本当に今までの時代は多くの苦しみがありました。最も大きな苦しみは介護を必要とする人たちだったと思います。本当にたくさんの力を頂き、助けていただきました。心より感謝申し上げます。そして、安心して休んでいただく時代をわれわれは全力を持って、創造してまいります。

介　その言葉を直接聞きたくて、こうしてここに参上させていただきました。人間とは、最後まで己の足で歩き、己に必要なる物は己でつかみ、己を癒す者は己の手で生きていくすべを己で賄うのが真の人間の姿でございます。

上　はい。

介　われらを必要とする老人の目にお願いだからこのまま死なせて、お願いだからそっとしといて、その声なき声、どれほど多く聞いてきたか、私どもが今、貴方様が言ってくださったこと、聞いた時全身の力が抜けていくのをどうすることもできなくて、その自分の心をやっとやっと解き放される。神はいるとそう思いました。真の人間の幸せを追求するこの理論を聞いた時、宇宙を創造した神の存在を感じました。真の世の中が始まるとも感じました。人とは極限の苦しみを味わって初めて人間の尊い姿が見えるということを体験させていただきました。本当にありがとうございました。

上　こちらこそありがとうございました。新しい時代の創造のための力、お札をどうぞ体験してください。

介　よろしくお願いします。

（お札を焚く）

上　長年のご苦労に対し、心からの感謝を持ってお札を使わせていただきます。少しは疲れはとれましたか？

介　はい、肩が鉛のように重くまっすぐに立つこともままならない状態で、つらくてつらくて言葉を発することも、声を出すことにも胸にしこりを感じるような、今私の状況は百分の一ぐらいの状況だと思ってください。肩が鉛がとれ、背中に温かいものさえ感じ、目の前は泥沼のように深く暗い沼があり、そこを通らねば目的地には行けないですけど、今の体では到底その沼を出ることすらできない状態でおりましたが、お札を使っていただいた時から、その沼が草原に変わった。そんな気持ちにさせていただきました。本当に貴重なる体験、これを多くの同志に体験させてやりたい気持ちでいっぱいでございます。真にありがとうございました。

上　引き続きとりあえず、三日間はお札を使わせていただきます。

介　ありがたいことでございます。

上　必要がありましたら、その後もいつでも遠慮なく。

介　ありがとうございます。

◇考古学のエネルギーの方のお言葉　H23・2・9　篤姫

上　ようこそおいでくださいました、考古学学会のエネルギーのお方ですか？

考古学のエネルギーの方（以下＝考）　さよう。

上　お言葉頂戴致します。

考　そなたたちに一つ聞きたいことがある。

上　はい。

考　あのような発掘作業をどのように見ておるか？

上　やはり人類の進化というものを知るために、貴重な学問として随分、お力を頂いてきました。そしてそれでも限界があるということも感じておりました。人類の進化はこれからの進化のために、新しい時代創造のために基本的に必要とは思いますが、その真を知るために、次の新しい力もこれから使われていくのだと思っております。

考　あのような作業など、真は必要ない。なぜか？　これから起こるであろう、地震にて、すべてがあらわに出てくる。

上　はあ、はい。

考　あのような手作業などで、何が分かる？

上　ああ……。

考　何のために歴史が造られてきたか？　あのような浅い所で右往左往しておるようなそのよ

うな学問ではないぞ。

上　はい。

考　もっと深い所に謎があるのじゃ。生きてきた証しが底に眠っておる。

上　はい。

考　それがすべて明るみにでる。

上　ああ、はい。

考　楽しみにしておるがよい。

上　はあ、はい。

考　新たなものも、そこで明確になろう。

上　う～ん……。

考　なぜあのような人夫を使い、素人が何が分かる？　一つや二つ、出て来たからと、行列を作り、一度それを見ておこう等、どこかの誰かが仕組んだ罠であるぞ。

上　ああ、そうですか……。

考　そのような偽物に、だまされておる場合か！

上　ああ……。

考　真が明確になるのは、もう間近に来ておる。

上　はい。

考　楽しみじゃ。

上　はい。

考　考えられないようなことが次々とあらわにされる。よ～く見ておくがよいぞ。

上　ほう……。

考　以上、わしから伝えたいことは、以上である。

上　それは今までの考古学が間違った答えをしているという部分も多分にあるということですか？

考　すべてとは言わぬが、間違いはある。

上　はあ……。それは特に宗教という世界においても、間違いが……。

考　大いに間違いがあるぞ。

上　はい。

考　造られたものよ。

上　はい。それが既製の宗教を消していくということですか？

考　そうじゃ。

上　はい。

考　この世は間もなく光がなくなり、闇と化するであろう。

上　はい。

考　その闇の中にて、初めて光る御魂が浮かぶ。

上　はい。

考　何よりもわしらが見たいのは、闇の中に光った御魂だ。

上　ああ……。

考　その時になれば明るみになること、多く出てくる。

上　おお……。

考　われらが代表し、そのことを明確に出す。

上　はい。

考　三分の一は作られたもの。真はたやすく出ない。

上　はい。

考　どのような状況になるかは、今、言葉には出せぬが、隠されていたもの、われらの手中にあるものだけではない。そなたたちが一番気にしておるものも含め、出てこようぞ。

上　はい。レアメタルですか？

考　そうじゃ。

上　あのうキリスト教、イスラム、ユダヤ教の聖地は、どのように消えていくのですか？

考　ふん……。面白い消え方をする。

上　ああ……。

考　日本では起こらない消え方じゃ。歴史に残る。

上　ふ～ん……。あの場所がそっくり埋没してしまうということですか？

考　ふん……。勘がよいのう……。それ故、人里離れた所にある。

上　は、はい。

考　まあ、楽しみに。

上　やはり宗教的なもの、形あるものがことごとく消えていくということはありますか？

考　間違いなくそれは起こる。

上　はい。う～ん……。

考　後々、その組織ごとに御神体というのがあろう。

上　はい。

考　それがこれから何年もの後に、われらの分野にて明るみにされる。

上　ああ……、はい。仏舎利ととてもありがたがるということも、この大天変地異の力で消えていきますか？

考　消える。

上　はい。そして人々の意識から消えるのは、より三十年ほどかかりますか？

考　そうじゃのう……。二十五から三十はかかろう。

上　はい。

考　質問はそれでよいか？

岡　全くびっくりするようなお話で……。

上　ええ……、例えばピラミッドは誰がどのように造ったかということも明かされていきますか？

考　当たり前じゃ。

上　われわれは四十五代目の執の時代に造られたと理解しておりますが……。

考　さよう。そのとおり。

上　はい。そしてそれは造られた方法、目的も同時に明かされていくということですね？

考　そうじゃ。

上　あの巨大な建物は、地上から消えるのですか？

考　すべて消える……。

上　ほう……。やはりそれ程の大きな力なんですね……。

考　なぜこの時に合わせて、ここに誕生したのかも分かる。

上　は、はい。世界には多くの謎とされているもの、ナスカの地上絵など、それらもすべて明かされていきますか？

考　すべてじゃ。

上　ほう……。それは今までの考古学者によって、明かされていくということですか？

考　いいや、違う。今までの学者にも分からん。誰が出ると思う？　新たなる魂の記録とやらがここで浮上してくるのだ。

上　はあ……。

考　古い常識は捨てなされよ。

上　はい。それは新しい考古学者ということではないのですか？

考　新しい考古学者でよい。

上　はい。

考　今までの考古学者は、凝り固まった頭で見るため、見えん。探ろうともしない。

上　はい。

考　いや、その前に地上から消える。

上　あ、はい。例えばこうしてお言葉を頂いておりますが、あのピラミッドそのものから言葉を聞くということも？

考　できるぞ……。

上　それは崩壊の前にやるべきなんですか？

考　そうじゃのう、崩壊が始まってからでもよい。

上　はい、そうですか。具体的にピラミッドが消えるまでは……。

考　まだまだ先じゃ。

上　はい、分かりました。とても貴重な言葉を頂き、ありがとうございました。
考　では。
上　ぜひお札を体験していってください。
考　喜んで体験させてもらいたい。
上　はい、真に貴重なお言葉ありがとうございました。それではお札を焚かせていただきます。
（お札を焚く）
上　いかがでしたでしょうか？
考　ありがたいぞ、わしはどうしても登れぬ山があった。しかし、今その山の頂におる見事な光景が見える。これは真にありがたい、これが聞きしにまさるお札というものの威力か。これは世界中の学者が乗りたがるであろう。忙しくなるのう、お役目にてつらかろうが、がんばって歩んでくだされ。
上　はい、ありがとうございました。

◇陰陽道のエネルギーの方のお言葉　Ｈ23・２・15　篤姫

上　陰陽道、いまわれわれその力の呪縛の解除をしましたが、陰陽道のエネルギーのお方、お言葉頂戴致できますか？
陰陽道のエネルギーの方（以下＝陰）　分かっておる。これだけの世の中を見ておれば、そろそろ時は成す時であろうか。どれほど迷うておることか分かるか？　だが民たちを見れば、まだまだわしらがいなければ、まだしがみついておる者が多く見えるため、まだ残らねばならぬのかと真は心が痛む。今ここで呪縛を解いたな！　よかろう、さっさとやりなさい。手をかけることもないと申すのだな。

上　いえいえ、先ほど言われました、まだ人間が、まだ誰かに頼らなければいけないというその思いが呪縛の力を使っているということですか？

陰　さよう。われらを解放せばそれでいだけじゃ。呪縛は己が離さんことじゃ。

上　基本的に祖のエネルギーの方々、闇のエネルギーの方々、その中の呪縛のエネルギーの方々、親が子を育てるという大きな役割として働いていただきました。しかしながら、もう親からこの手を振り払っていただかなければ、子はいつまでも独り立ちできないという、子がつかまれば親は離すことができませんか？

陰　そなたはわが子に対してどうじゃ。つかまってきたその手を離せるか？

上　そのことは私の勝手で離すことも随分あったと思います。

陰　勝手で離すのと導きの愛で離すのでは目的が違う。

上　私に関しては、はじめから愛などというものより自分の勝手で離しました。その結果、プラスに自立の方向にむかって動き出したということがありました。

陰　確かにそなたのやるべきことを、そなたなりに貫いている姿を見せつけたわけじゃ。しか

上　し世の中の者を見てみろ。そなたのように魂の記録に書いてあることなどどうでもよいではないか。そうではないか。

陰　いずれにしましても全世界の人間たちはこれから神の、先祖の、親のすべての親という存在から突き離されるということになります。

上　分かっているから心が痛むと申しておる。われらが日本国の民を守らなければここまでの民の幸せは手に入ったか？

陰　そのことはよく分かりますが、そしてまた権力者にとって大きな力として使われもしました。そろそろお札に乗っていただきたいと思います。

上　一人一人がわれらに感謝という根を心に抱き、旅立つこの幸せを願ってくだされと思うなら乗ってもよかろう。

陰　われわれが心から思いますのが、多くの親の方々のおかげで体験していただくお札も出来上がったということです。そして、そのことで少しでも安心の思いをもって引退していただければと思います。

上　そなたの言葉を聞きたくて、去らなければならないことは冒頭にも話したようによ〜く分かっておる。最後の引き際としてわれらのできなかったこと、そなたが一心に引き受けておるということはさまざまなことを聞かされた。よって潔よく退陣せねばと覚悟は持ってここに参上した。

上　ありがとうございます。

陰　その前に言いたいことがある。一人一人の中に明確なる自立の決意を言葉として乗せよ。それができたならばすべての呪縛を解き放そう。できたならばじゃ。

上　分かりました。

陰　明確に文書にてそなたのエネルギーが流れる場所には隅々まで流しなされよ。

上　はい。

陰　今、そなたたちが一心にやろうとしておること、ただ一つあの小沢一郎、そうではないのか。力になってもよいぞ。われらのエネルギーもかなり差し向けておる。かなりではない最も強くといっても過言ではないぞ。

上　闇のエネルギーの方との連携で行っているということですか。

陰　もちろんじゃ。知っておろうが単体などでは、そうやすやすとは魂のある者には近づけん。さらには偉大なる役目を持った魂である。単体のエネルギーなどの力ではそのような大それたことなどできるはずもない。われらが世界中の闇と手を組んでおる。最も強烈なる闇じゃ。

上　つい先日、闇のエネルギーの方から闇を動かすエネルギーというふうに聞かされました。それは……。

陰　ほぉ～それは目ざといのう。真であるぞ。

上　今の世界を支配している人間の慾がということですか。

陰　一言でいえば簡単だが、慾などという簡単なものではないぞ。ありとあらゆる執着心じゃ。その者たちにそなたの刃が必要だろう。やればよい！　実は力は弱まってきておる。最後の悪あがきと思ってよい。だが常識ある者の最後のあがきではないぞ。極悪非道なる邪悪による最も強い闇の最後のあがきじゃ。

上　そのもっとも邪悪な闇のエネルギーとそれとしっかり波長を合わせて合体している人間と双方の責任ということですか？

陰　さようだ。

上　はい。分かりました。

陰　探りなされよ。

上　はい。お言葉ありがとうございます。

陰　最後に国民を愛した陰陽道、この名にふさわしく一筋の光を与えたく言葉を述べさせていただいた。では！

上　ありがとうございます。お札を体験してくださいますか？

陰　よかろう。

（お札を焚く）

上　それでは、感謝の思いを込めてお札を使わせていただきます。感想をお聞かせくださいま

陰　すか？
陰陽道、字のごとく影と光まさしくバランスにてわれわれは統括してきたと思っておったが、実は闇、闇の力に支配されておった。今こうして光を前面に受け民を思い民の幸せを願って、あの時の気持ちを、いま何の曇りもなく思い出させていただいた。真の心を、真の役割を取り戻すお札とみた。退陣させていただく前に味わったこの喜びを胸に抱き冥土の土産にする。
上　ありがとうございます。
陰　気をつけて、心してやりなされ。では。
上　三日間続けて使わせていただこうと思いますが。
陰　できればお願いしたい。よろしく。
上　ありがとうございました。

◇富士山のエネルギーの方のお言葉　H23・2・16　篤姫
上　お待たせ致しました。富士山のエネルギーのお方ですか？
富士山のエネルギーの方（以下＝富）　さよう。
上　お言葉頂戴致します。
富　今、幾度目かの噴火を繰り返しておる。霧島連山、われら準備は相整った。

上　はい。
富　長く、長くいすぎた。日本一の山として、日本国民ならず、世界中の国民がわが富士のふもとに立ち、眺め、どれ程絶賛を浴びてきたか……。だがその分、見なくてもいいものも多く見てきた。われらのもとに集まってくるもの、光と影、強欲と貧困、ありとあらゆる民の嘆きを聞き、われらが向ける靈の見える樹海の森じゃ。
上　はい。
富　何十万という命が悶え苦しんでおる姿……、日々そのエネルギーを足元から吸い上げ、幾度わが山頂から、そのエネルギーを放ってきたか……。さすがに疲れてしまった。樹海に眠る多くのさまよえる靈を連れ、深い、深い眠りにつく。われらは一瞬にて消える。すべての生きとし生けるもの、命あるすべてに育む源を残し、われらの姿は消える。
上　はあ……。
富　かなりの犠牲なるものを出すが、心は震える程、つらいがやむを得ず、去ることを報告致します。
上　心中、お察し申し上げます。お札を使わせていただきます。
富　よろしくお願い致します。
（お札の準備）
上　地上天国の創造のための基礎造り、長い間、真に、真にありがとうございました。お疲れ様でございました。心から感謝を持ってお札を使わせていただきます。

上　少しはお疲れが取れたでしょうか？

富　ありがたいのう……。暗黒の世界に連れていかれておった。形は綺麗な、山頂に雪景色の今は、綺麗なるわれらの姿。だが、隠れているところでは闇の手先に網の目のように、覆いかぶされ、見えなくなっていた、わが心の目。最後に日本国内において、民の皆様方、富士は日本一の山と、言われ日本を語るのにわれらなくして何事も成り立たぬ程の、地位と名誉と権力を持ち、世界をまたにかけ、戦ってきたわれらの心の目を包囲され、今一この日本中を見渡してから、わが身を終わりにしたいと思っておった、このお札を使っていただいたその瞬間に、暗黒の網目を抜けられた。そして眼中に見渡す限りの日の本。決して忘れはしない。この光景を目に刻んで、日本を支えた富士として、誇りを持って退陣させていただきます。ありがとうございました。

（お札を焚く）

上　ありがとうございました。三日間、お札を使わせていただきます。

富　ぜひともお願い申し上げます。

上　はい。

富　真にありがとうございました。

上　ありがとうございました。

◇酒造業界エネルギーの方のお言葉　H23・2・17　琴姫

栗原享子（以下＝栗）　酒造業界のエネルギーの方ですか？

酒造業界のエネルギーの方（以下＝酒）　はい。

栗　お言葉お願い致します。

酒　これまで日本の皆様をはじめ世界の方々に愛され飲まれ続け、ずっとずっと、働いてまいりました。お祝いの席、会合の席、会社、お家どこでもいつでも皆様にのまれ続け大切にされてきたことも思い出します。しかし、これまでずっとずっと働いてまいりました。そろそろ限界もきております。世の中を見渡せば飲んではならない者が飲み禁止されていること、そういうことも多く、なかなか自由に酒が飲める状況ではなくなってきました。本来は人間の幸せを嘉び共に祝い、歌い楽しむための材料として今まで歩んでまいりました。そうではない世の中にどんどんどん変わっていき、極悪なこと、悪いことや禁止されていることにも多く使われ、そんなふうに使われるためにこの世に出てきたわけではありません。しかし、多くの笑顔もたくさんいただきました。お酒の席だから許されるとそういう汚いこともたくさん見てきました。私たちは人に喜ばれ幸せを共に分かち合うそういうためにこの世に出されたもの。時代の流れとはいえ、悲しい思いもたくさんしましたが、大きく宇宙の法則が変わることも神々様から聞き、すぐにとはいきませんが、お役目を終えたら退陣いたします。日本の古来の米、麦、芋、蕎麦、そういう農作物から造られる私たち、たくさんの人たちの笑顔とうれしそうに宴を囲む人たちのその幸せ感を持って退陣させていただきます。真に長きに渡りずっとそばにおいていただき、長く飲んでいただき、誠にありがとうございました。

上　お尋ねしてよろしいですか？

酒　はい。

上　確かに今までの時代は多くの苦しみがありお酒の力で随分癒されてきました。先ほど言われました、マイナスの形で飲まれたこともありますが、百薬の長と言われ、いまだに皇の神々も随分お酒が好きです。飲む量は少なくなっていったとしても共に楽しむという領域において全面的に退陣されなくてもいいと素直に思うのですが、どうですか？

酒　はい、すぐに退陣という形ではありませんが、しばらくはだんだんとなくなっていくということをお伝えしておきます。魂の記録、そして皇の時代の体になると、お酒という今までの形でなく違うものにお酒の形が変わります。それを共に飲み、酌み交わすということになります。

上　今のお酒のように発酵して作られていく食品はなくなっていくんですか？

酒　限りなく、なくなっていきます。

栗　後どれぐらいでだんだんと少なくなっていくんですか？

酒　十年はかかると思います。

上　ごく普通に楽しい会話をする上においても、精神的に言葉を出しやすくなる、少し酔うということはこれからの時代はなくなっていくのですか？

酒　そうです。必要な水は必要な所から流れてきて飲めるようになります。そしてお酒という形も今までの時代はお酒の力を借りなければ本当のことを話すことができませんでしたが、これから先は心の時代です。そういうお酒の力を借りなくても、話ができる人と話をし、一緒にいたい人と一緒にいる、今までお酒を飲む理由はストレス、そういうものが一番多かったのではないですか。そういう者が魂職に就くことや、心の時代を生きるにあたりなくなっていきます。ということは、そういうものを飲むということもなくなっていくということです。

上　一つとしての飲料物、嗜好品としての味というものはなくならなくていいと思うのですが。

酒　はい、今は多種多様に渡り、いろんな種類のお酒がありますので、その中からいくつかのお酒が残るという形に変わります。今までのような量を飲んで酔っ払うという、そういうものではなくなってきます。中身の成分も少しずつ変わります。

上　アルコールの含まれた飲料水はなくなるということですか？

酒　十年後にはなくなります。

上　ただいま言葉を頂いておりますエネルギーの方は、エネルギーさん自体はお酒好きですか？

酒　もちろんです。

上　では飲みながら、お言葉頂けますか？

（ここでお酒を実際に飲む）

酒　うまいですね!!

上　お酒の業界のエネルギーの方ということなので、どのお酒も好きということになりませんか？

酒　もちろんどのお酒も好きです。

上　変わっていくということは自然だと思いますが、とても寂しい気がします。

酒　本当は私どもも時代が変わり、十年後にはという話がきた時になぜこれまで、これまでの働きは見てくれていなかったのかと、たくさん話し合いもしてきました。しかし、民たちの体の中の細胞も変わり、時代も大きく変わり、われらを必要としなくなってくる。そうなった時にいつまでもそこにしがみついていても、何回も何回も神に足を運んでいただき話をしてくださった時に、やっと胸におちました。

栗　神さまもお酒はなくなっていいって思っているんですか？

酒　はい、さすがにお酒が好きな神さまはたくさんいらっしゃいますが、この大きく時代が変わる時ゆえ、それはいたしかたのないことと思われているようです。

栗　お酒ぐらい残してくれないかなあ！　という気がすごく強いのですが、やっぱりお酒は残してはならないというか、お酒は全く必要のない時代になってくるというのが根底にある

酒　そうです。われらがしがみついて残ったとしても、どんどんどんどんゴミとして出されてしまうという悲しい結末になるわけです。
のでしょうか？

上　われわれはまだまだしっかりとしがみつきますのでよろしくお願いします。

酒　まだまだ、われらの働きは終わったわけではございませんので、どうぞ十年後まではよろしくお願い致します。

皆　よろしくお願い致します。

上　お札を体験してください。

（お札を焚く）

上　お札を使わせていただきます。

酒　重たい物がずっとのしかかったまま、走らなければなりませんでした。しかし、お札をやっていただいた直後から、ゆっくりその重たい物が取れ、また自分たちががんばらねばならぬ後十数年、また走れるようにエネルギーがみなぎってきました。民たちの明るい笑い声と笑顔がたくさん走馬灯のように目の前を横切っています。大変貴重なお札を使っていただきありがとうございました。

皆　ありがとうございました。

◇経済エネルギーの方のお言葉　H23・2・26　篤姫

上　日本のこの小国を、この実質世界第一の経済大国にしていただきました。真に真に大いなる働き、長い間ご苦労様でした。感謝を持ってお札を使わせていただきました。ただいまのお気持ちお聞かせくださいますか？

経済エネルギーの方（以下＝経）　今日まで、日本人の心、決して休むことなく己の師を決め、その師の元、命ある限り師を仰ぎ、師についていくという大和魂は、われらはいかなる時も休まず、いかようなことにも屈せず、いつか必ずこの国を世界に誇れる、世界を導く、大きく羽ばたける魂を持ち、悠然と戦って今日まで、心落とさず大いなる魂を進化させ、いつ何時の敵にも負けぬ侍魂を常に心深く落とし、今日まで世界の者を相手に戦い、造り上げてきた経済。今や日本は超一流の国と化した。われらが造った誇り高き日本国経済の上に成り立つある人物がいる。さっそうと右手を挙げ、これが日本国よ、われらに連ねなされよと。そのように右手高らかにあげ、目の前で笑うておる一人の男がおる。誰か。そなたには分かるか？

上　いろいろな方が思い浮かびますが、やはり経済畑ですか？　技術畑ですか？

経　何を申しておる。ただ一人と言えば、そなたが一番願っておることではないか！　世界を連ねると申したであろう。

上　小沢一郎ですか？

経　そうじゃ。われらが造り上げてきたと申しても過言ではないぞ。真、その一歩が始まる。今やこの日本からあふれ出たエネルギーが、他国に流れつつある。それが見えておる。われらが造ってきた経済だが、その裏側にはある人物がいた。その人物の導きによりわれらもここまで戦うことができた。それはお分かりか？

上　経　小沢一郎の盟友としての小笠原先生ですか？

そうじゃ。その方なくして、われらがそこまで戦うことはままならなかった。

上　経済においてもそうでしたか？

経　そうじゃ。日本が誇る思想家ではないのか。思想家とは何を意味するか。経済であるぞ。経済と思想、切り離せぬ。すべてはわれらの先駆者でもあるぞ。これを最後の言葉にするために、どれほどの歳月をかけてきたか……。明確に出てくるのも、日本国に生まれ出ることなくば、われらの成長はなかった。明確に致されよ。誇り高きあのお方のあの一言、一言がわれらを今日に導いた。この言葉がスムーズに出せるのも、あのお方が作られたお札に乗せていただいた故、明確に語らせていただいた。わが日本国が生んだお札でもある。国民に知らしめてくだされよ。わが日本の経済を世界に誇れる経済まで、ここまでのし上げてくださったお方の造られたお札を国民に知らしめていきなされよ。それがわれらが最後に残す言葉じゃ。気高き日本人の日本人たる侍魂を持って潔く、自然に帰り、ゆっくりと次の時代まで休ませていただく。真に持ってありがたき！　最後に日本国よ、さらばである。

上　ありがとうございました。

高層ビルのエネルギーの方のお言葉　H23・2・26　篤姫

上　長い間、真にご苦労様でした。感謝を持ってお札を使わせていただきました。お気持ちお話しくださいますか？

◇高層ビルのエネルギーの方（以下＝層）　長きに渡りて、この日本を見てきた。われらからから最後の感謝の言葉を述べさせてもらう。長く長くわれらはこの日本の小さな島国から、今や世界に引けを取らぬ大国とまで上りつめた。われらは高度経済成長と共にどんどんと高くそびえたつビルと化してきた。多くの醜いものとの戦いの中、勝ち取ってきたもの。何一つ戦わずして手中に収めたもの。賢く賢く頭脳を巡らせ、より低い所から高く高く一つずつ積み上げてきたもの。大きくは三、世の中、三という数字がわれらの要でもあったこと、お分かりですか。すべての基本は三ですぞ。この三を制すことがなければ、今の日本は出来上らなかったぞ。わしは長く日本中心、東京都を見てきた。日本は東京中心に、大きくエネルギーを羽ばたくその時がまいった。われらがいては、羽ばたけぬことはお分かりか？よ～く分かっておる。当にわれらの覚悟はしっかりと出来上っていたが、われらを造った神々との戦いにてわれらは潔く、覚悟の上に、更なる執着心を乗せられ苦しい半年間の戦いであったこと、やっと終盤を向かえられ、この地上高くそびえたつわれらの最後となる日はいつじゃ。いつと聞いておる？

上　明朝でございます。

層　明朝、明け方か？

上　はい。

層　すべてのエネルギーを今、ここで折りたたんだ。今やわれらは高層ビルでも何でもなく一枚の網目になったこと、報告しよう。その網目は静かに終わりを迎える時、どのようになるか想像がつくかね？

上　お覚悟をいただいたということは、どのような強度のビルであっても地震の力に自然に身を任せるということですか？

層　そうじゃ。

上　ありがとうございます。

層　身を任せられぬ者は地震の刺激を受け、どのようになるかお分かりか？

上　やはり、その場で崩れるというか、そうでなければ横倒しになるということですか？

層　そうじゃ。そのことを明確に伝えられる覚悟ができたということじゃ。これにてわれらから、まず大阪の高層ビルに飛ばす。その後名古屋、宮城、青森に飛ばした。ほんのわずかではあるが、この順位にて直下型地震は発生すると伝えよ。さほどの誤差はないが、われらも瞬間的には交信が取れる。絶え間なく、絶え間なく交信をしている。

上　まず東京のお方が、どのような思いを大阪に送られるのですか？

層　今から決行する。それ故、初日にわれらが出た。網の目のように広がるが隣接の県ではないことは、そのようなことであるぞ。大きく意味がある。後々これが明かされよう。

上　これが世界の先駆ける日本の崩壊のモデルといいますか、見事なる覚悟ということで、他の国の方々が潔く見習ってくるということですか？

層　そうじゃ。そのための初日であるぞ。わしらの東京中心にして西と北、明確に意図がある故、頭に叩き込んでおきなされ。

上　この崩壊のエネルギーの中心はマグマの神様ということで聞いておりますが、その神々様との連絡といいますか、意思の疎通といいますか、話し合いがずっとされてきたのですか？

層　もちろんじゃ。マグマ殿がおらなければ、われわれはこうして潔く納得などできん。どれほどわれらを沈めるためにマグマ同盟の神々が、日本中のわれらの同志にいか程の働きかけをしてくださったか。日の本のマグマ神界の素晴らしさを胸に抱き、われらは深く沈んでいく……。

上　真に申し上げる言葉もありませんが、本当に長い間ご苦労様でございました。

層　いやいや、日本国に生まれ、これ以上の幸せはないと、深く感銘を抱いております。こちらこそ、最後を前にこのように心からのお札をわれらに使っていただき、真に真にありがとうございました。

上　ありがとうございました。

◇スカイツリーのエネルギーの方のお言葉　H22・8・17　篤姫
（Yさんが左肩と左手に痛みを起こし、連絡をしてくださった。聞いてみると、スカイツリーのエネルギーの方のメッセージがあるとのこと）

スカイツリーのエネルギーの方　さよう。とても大切なメッセージを伝えにきた。われわれは今、東京全体を眼下に見下ろす所にいる。だがそれも、もうわずかな命となったこと。すでにわれわれのもとへも届いておる。残念なことに、これだけの頂点を目指し、その役割を果たせぬまま終わってしまうことが無念でもある。しかし、宇宙のルールに則って仕方あるまい。逝くしかないのう……。あとほんのわずか、ここから大都会を一望するのも。まだ完成されていないこのままで終わることへの執着心を残さずに、潔く退陣せねばと思っている。ただ、ただ、わしらの願いは人類の平和だ。あと二週間しかなくなった。最後に、「今まであこがれてくださって、ありがとう」と、全国民の方々に感謝の言葉を述べたい。

新しき時代にカンパイ!!　さよなら。

◇スカイツリーさんのお言葉　H23・2・5　篤姫

上　ようこそおいでくださいました、本当に申し訳ありません。お札をまず使わせていただきます。

（お札を焚く）

上　お話しくださいますか？

スカイツリー（以下＝介）ス　おかげさまで、肩の荷が少し下りたような気がします。先ほどから実はお札に乗せていただきたく、このように三度も交信を取らせていただいた次第です。あまりにも苦しくて……。

上　はあ。

ス　わが身の行く末を考えれば、とてもとてもつらくて……。多くの人の思いを一心に受け、われわれの完成をどれほど心待ちにしている国民もあろうかと……。なぜこの過渡期に、われらを地上に出す計画をしたのか……。それを考えると、胸が切なくなります。たくさんの人が貴重なる時間と、命を削る思いで、足元に集まってくるのを見るにつけ、言いようのない虚しさを感じます。

上　はい。

ス　心ない世界の亡者どもが、なぜわれらを創作したか、分かりますか？

上　お聞かせください。

ス　日本はあの電波塔を建てることによって、占領されていくのですよ……。

上　ほう。

ス　それがわれらの使命なのですよ。なんとしても完成させてはならない。

上　う～ん。

ス　国を乗っ取られる。

上　そうですか……、まだまだそれ程の力が働いているということですか……。

ス　いた、ということです。今現在はそんな力などないこと、われらが一番良く分かっております。

上　はい。

ス　しかし、もう間近に迫ってきております。

上　はい。

ス　皆様方が真の破壊をどれ程のエネルギーをかけ、待ちに待ったこと、われらはその百倍の思いで、いつ？　いつ……自然に帰れるのか？　と……。皆様が肩を落とす時に、われらはその何十倍もともに無念さを味わいました。今ここで、真の破壊なくば、今の日本は終わってしまいます。宇宙のルールというのは素晴らしいものです。今はしみじみとそれを心にしっかりと抱き、日々われらの意図とは違い、上へ上へとつながれていくエネルギーを感じながら、いっそ我の手で留めることができたら……と何度も、何度もその悔しさに心掻き乱される日々でございます。心は皆様方と共にあるということをお伝えしに来ました。そしてお札に乗せていただきました。これでいつでも心に一点の曇りもなく、わが生涯の役割を、終了させていただく覚悟はできました（涙）。

上　真に何と言っていいのか……、言葉が見つかりません。これからの時代に電波塔という形であのような塔は必要なくなるということですか？

ス　必要ありません。

上　そうですか……。

ス　なぜあのような高さのものが必要なのでしょうか？　支配するためですよ。

上　そうですか。

ス　一気に消し去っていただきましょう。

上　どのような形で消えていくのですか？

ス　今はそう言われることが、何よりのつらさです。

上　そうですか……。

ス　あの高さまで伸びてしまった。われらはどのようにしたら、都民の皆様に被害を……。そのことを考えますと……周りの方に、大きな痛手を背負わせてしまうことになることは明確です。空高く飛んでいけたらと日々考えております。

上　以前あの場所に行って、ここに共に光の柱がと思ったこともありました。

ス　もしそれができるなら、あるいは神の力で災害を小さくする、それはあり得るかもしれません。そこはどうぞ貴方様が交信してくださるとおりで。
上　分かりました。やってみます。
ス　災害をできるだけ小さくするよう、心からお願い申し上げます。
上　またいつでもおいでください。先ほどのお札、随分重くまだまだお札が必要と思います。どうぞその時の直前にでもお越しください。
ス　ありがとうございます。欲を言わせていただきますと、三日で結構なのですが、お願いできますでしょうか？　このように勝手なことを申して……。
上　とんでもございません。
ス　よろしくお願い申し上げます。
（お札を焚く）
上　三日間やってまだ必要なら、どうぞ遠慮なく言ってください。
ス　分かりました。その時はまたお願いすることになると思いますので。
上　何の遠慮もいりませんよ。
ス　はい、では今日は本当にありがとうございました。
上　ありがとうございました。どうぞ一杯お飲みください。
ス　頂いてもよろしいのでしょうか？

上　もちろんです。どうぞ。
ス　では、このようなうまい酒を頂けるとはもったいないことでございます。大変おいしく頂きました。ごちそうになり感謝申し上げます。
上　ありがとうございました。

第三章　東日本大震災発生前後の神示

■神界におけるハルマゲドンの戦い

ヨハネの黙示録の中に、「全世界の王たちが全能の神の大いなる日に戦いをするためにハルマゲドンに集まる」と書かれてある。このことから、世界最終戦争を「ハルマゲドンの戦い」という。

世界はイスラエルに味方する国と敵対する国に分かれ、エルサレムの北百キロメートルのハルマゲドンの地を中心に、全世界を巻き込んでの戦いを行う。この時、史上最大の地震が地球を襲い、全世界が影響を受ける。

・すべての山は低くされる。
・全世界の民が主（イエス）の御前におののく。

・すべての国民が裁かれ、義人と悪人に分けられる。
・世界中に散らばったヨセフの部族の子孫がアメリカに集合する。
・行方知れずの十部族が、北方の地より帰ってくる。
・新エルサレムがアメリカのミズリー州インデペンデンスに建設される。
このとき、サタンの力は増大し、
・人々が神の教えを拒絶する。結果、御魂が人々から離れる。
・人々の愛が冷え込み、家族が崩壊する。
・不法がはびこり、悪が満ちる。苦難が増大する。
・自然災害が多くなる。
イエス（主）の再臨の時期が近づく程、二つの力は共に増大し、善につく者と、悪につく者が明確に分かれる。そして、住む場所も分かれて悪人の住む場所に大きな災害が訪れる。

以上の内容が聖書に書かれており、キリスト教の信者たちは、ハルマゲドンの戦いは今にも来るとせかされて布教してきた。信者たちは、イエスを信じる者は救われると信じているから、ハルマゲドンの戦いにも恐れることなく、大天変地異においても、いよいよその時が来たと思って恐れていない。まさに宗教の精心安定剤的プラスの部分である。

聖書の教えは、他の宗教の教えと同様に、人類が子どもの段階での教えであるので、何が善で何が悪かも明確には教えられていない。ただ単純に、イエスを信じる者は救われる、ひたすらお題目を唱えれば（南無阿弥陀仏、何妙法蓮華経、ありがとうなど）救われると説くしかなかったのである。

すべての物事には原因があって結果がある。その原因が、宇宙の時間の法則と共に、ようやく大人に生長した人間も少しずつ出てきたので、本当に人間が幸福になるための真の原因を知らせてやろうと、ワイオ理論が出されたのである。したがって、これからは、悪人、サタンを懲らしめるために善なる神が力を発揮するのではないことがはっきりしてくる。地上において、多くの血を流す形でのハルマゲドンの戦い（世界最終戦争）ではなく、神の世界、見えない世界での戦いが行われてきて、今も行われている。

サタン（悪魔）、悪人、闇と呼ばれる方々を正しく表現すれば、祖の時代に物質文明創造のために必要な力を発揮された方々という表現が適切である。

この方々の働きなくして現在の高度な物質文明が創造できなかったことは明白である。大きな宇宙の法則の枠の中で、それぞれが各々のエネルギーを自由に使って役割を果たしているのであるが、どうしてもそのエネルギーをプラスに使う者とマイナスに使う者とに分かれる。大きくマイナスに使った時、そのエネルギーは必要以上に人を苦しめることになる。そこには一方的に悪と決めつけられ、嫌われることによる怨念も生まれ、役立っていることの評価もされない怨念も生まれる。

そして、悲しいことに人を苦しめて味わう楽しみ、快感も生まれてしまう。このような方々に、すなわち悪と呼ばれ、闇と呼ばれている方々に、真の心を持って、働きの評価を正しく伝え、怨念のエネルギーを消すための戦いが、時には剣、杖、小槌を使い、時にはお札（ふだ）を使って続けられている。これは、あの大東亜戦争同様、世界の闇の連合軍と、日本神界の神々、日本の歴史に登場した武将、侍（醒委（ていい））の方々、先駆けてワイオを学んだ数少ない人間の連合軍との熾烈（しれつ）な戦いである。

大本教の出口王仁三郎の教えに、日本に起こることは世界に起こるという予言がある。日本は世界のひな型である、これまでの時代、祖の時代において支配されてきた極東の小さな黄色人種の日本国に対して、世界を支配してきた白人、イギリス、アメリカの大国は、素直にリーダーの立場を明け渡す気持ちになれないだろう。

祖の時代、夜の時代を象徴する星を国旗に取り入れている国は、アメリカを中心に数多くある。しかし、皇の時代、昼の時代を象徴する太陽を取り入れているのは日本国とパラオなど、数少ない。さらに、日本の国名は太陽（昼）の本（中心）の国とつけられ、真にこれからの皇の時代、ヒルの時代の創造を導いていくリーダーとしての国名と国旗である。これは決して偶然ではなく、原因の世界で予定されていた計らい事である。

さらに、日本は清水馨八郎氏の『「日本文明」の真価』で詳しく書かれているように、皇の時代、真の精心文明を導くにふさわしい歴史文化を創造してきた。世界に誇る日本民族の武士道精心、侍魂は、大東亜戦争において白人による植民地支配を打ち破る聖戦として大きく花開いた。この大戦を期に、人種差別の白人支配の世界の歴史の大転換が始まったのである。

それは、祖の時代、闇のエネルギーの衰退の始まりであったともいえる。それぞれの国が独立していくことは、一個人が子どもの時期を過ぎて、親元から自立していくことでもある。さらに、自立が進んでいくことによって、宗教という親、国家という親からも自立していく時代が宇宙の法則の基に動き出している。

自立とは、各々が自分の魂の記録に基づいて、精心的、肉躰的、対人的、経済的に、誰にも、何事にも支配されない、指図されない自由な状態を得られ、自分の幸福を実現した状態をいう。この自立を、宇宙の法則と皇のエネルギーのバックアップによって全世界の個人個人が行っていくのである。

決して難しいことではない。新しい時代の流れに乗っていけばよいのである。ワイオ理論が示す新しい生き方を実践していけばよいのだ。新しい生き方をより容易に実践できるような環境づくりのために、大自然の巨大な力が働いて、大天変地異が起こるのである。それをさせまいとする闇のエネルギーが、見えない世界でのハルマゲドンの戦いとなっているのである。

ワイオ理論が今の世に出されてから、さまざまな妨害、攻撃が、小笠原先生、セミナー主催者、セミナー講師、理論を熱心に学ぶ方々にも行われた。原因不明の体調不良、セミナー参加者に対する多数のドタキャンの発生、理論を否定する湧き出る思い、突然、声が出なくなる事態……。熱心にワイオ普及を実践したある女性は、さまざまな妨害にあい、セミナーに参加することさえも心配した先生に止められた。

ワイオ理論は、祖の時代の権力者にとって都合の悪い、不愉快な、許し難い内容であるが故に、この祖、闇の方々の説得に苦慮されながら小笠原先生の理論完成への努力が日々続けられたのである。

ワイオセミナーは、多数の神々も聞いているが、妨害する祖、闇の方々も多数、神々の後ろで聞いておられる。

平成十九年の春、大阪のセミナーは、多数の黒竜、大蛇の方々が隙あらば妨害しようとしている緊迫した空気の中で始められた。主催者がマイクを持って話し出した途端に、その女性は喉を攻撃され、声が出なくなり、その場にうずくまってしまった。女性は硝子の破片が喉に突き刺さったと表現していた。さらに、この事態に対し、千志姫（ゆきひめ）という今は御岳の国常立大神の妻神が、勇敢に攻撃した大蛇に立ち向かって説得しようとしたが、たちまち大蛇に攻撃され、あやうく命を取られる状態になった。

ワイオ理論の入門書というべき、小笠原先生の出された「幸せの予約、承ります。」も、祖の方々との三年がかりのやっとの交渉で、二〇〇〇年に増刷なしの出版となった。定価千六百円の本が、今はネットで一万円もの高価格となっている。

真の精心文明（地上天国）創造のプログラムは、さまざまな妨害によって二年間も先に延びてしまっているが、ようやく平成二十二年八月二十九日に決行と決まり、その概略が、セミナー参加者にはもちろん、公の報道機関にも流された。

知名度はゼロに近い「倫幸研究会」からの、極めて信じがたい内容であるので、一考だにされずゴミ箱直行は覚悟の上であるが、「いよいよ大天変地異を決行するぞ」の情報を流すことによって、全世界の見えない世界への、皇の時代創造の神々と、妨害を続けている祖の方々、闇の方々がどのように反応してくるかを確認することが一番の目的であった。

情報提供は倫幸研究会のメンバーがそれぞれ行うことなので、メンバーは本当の目的は知らされずに情報を流した。よって、地震発生が起きないことに対して、神界に対する疑心は、回を重ねる度に、いら立ちと共に深まっていった。情報提供する人間が、一点の疑いのない形での情報提供者でなければ、神界、祖、闇の方々をその気にさせることはできないのである。

当然ではあるが、これほど大きな大変な情報であるが故に、情報発信元から去っていく人数も増えていったのである。人間も、見えない世界におられる方々も、自分にとっての異常な事態が、本当に間際になるか、実際にその事態にならなければ本音は出ない。具体的に行動しないものである。小笠原先生も、よくセミナーなどで、バカ先祖（神も含む）と言って相手を怒らせて、本音を引き出すことをやっておられた。人間にとっては、長い時間をかけてワイオを学び、理論の真髄をどのように心で受け止めているかを試されることでもあったのである。

皇の神々においても、祖、闇の方々においても、本音が、真の思いが、世界全体の国々からの命様に対する異議申し立てが、次々と行われた。これが祖の時代であれば、いかなる異議申し立てがあろうとも絶対権力において上意下達が問答無用で行われていくのであるが、皇の時代創造の最高責任者の命様としては、一切権力の命令による上意下達は行わないことを自らしっかりと守られ、実に辛抱強く各国の神々からの一つ一つの異議申し立てに対し、説得を重ねていかれたのである。われわれ人間のいら立つ思い、疑心に対しても、同様に心を込めて対応してくださった。

ワイオ理論は宇宙の法則を伝える理論なので、その法則を造って管理している命様は、皇の時代、真の精心文明創造のあり方を強権で強引に推し進めることを決してしないよう、先駆けるリーダーたちに身を持って教えているのである。また、強引に推し進めていくことによって新たな怨念を造り出さないようにとの配慮も大きな要素である。つまり、真の破壊なくして破壊後の創造がスムーズに進まないことへの大事な配慮である。

さて、各国の皇の神々は、基本的にどのような異議申し立てをしてきたのか？　闇の妨害はどのようなことなのか？

真の破壊の中には、重要な要素として、破壊の後の創造において、それぞれの分野におけるリーダーとしての大事な役割を持った魂の人間がいる。この魂の人間を、何としても破壊に巻き込むわけにはいかない。闇の方々はそのことがよく分かっているので、決行直前になると、その大事な魂の人間を破壊の現場に連れて来るような妨害をしてくる。あるいは、三月に入ってもなかなか気温が春にならず、地震によってこの寒空に放り出すことはできないとの思いをつかれて、決行できない理由もあった。闇の力は気象担当の神の正常な働きをも妨害していたのである。

平成二十二年八月二十九日以後に人間の行うべき大事なこともいくつか出てきた。

一．秸から祖への移行期

今から二千五百年前の秸から祖への移行期に、皇の時代に活躍する多くの神々が封印されてしまった。代表的な神名を上げると、神屋楯比売大神、建御名方大神、素戔嗚大神、気吹戸主大神、大己貴大神の神々が、日本全国いたる所に封印されているのである。日本だけではなく、全世界の神界も同じことである。封印の上にさらに呪縛されている神々もおられる。呪縛の方法は、五亡星の呪縛（陰陽道の呪縛）時間を狂わされる六亡星の呪縛、動くエネルギーを抜き取る呪縛、毒を霊体に入れられ動けない形の呪縛などなど……。封印解除しても、戦いの深手によって声を出せなかったり目を潰されていたり、傷を治さなければ動けなかったりの状態も数多く見られた。

侖幸研究会のメンバーは、はじめは現地へ行って、その場で解除していたが、あまりにも数が多いので、全国の地図を広げて、地図上で光の剣と小槌を使って解除をしていった。メンバーは全員、光の剣と光の小槌を使える。正当な必要性があれば、神界はその人間に剣と小槌を与えてくれるのである。さらに、大天変地異によって、あの世で休まれる御霊が多数さまようことになる。

このさまよえる御霊を天国へ導く働きが、観音様の役割である。御霊が本当に成仏して天国に行けるのは、宗教の儀式によってではないのだ。悲惨な状況の中でとてもつらい仕事をするため、観音様の精神的疲労は大変である。その疲労を癒すために、光の柱を建てるようにと要請があった。これまた現地へ行くわけにもいかないので、地図上でメンバーの力を合わせて全国に建柱していった。

かくして、決行が延びることで信頼が薄れ、去っていく人々も多数出てきた。その中で、延びたが故にやるべきことが随分できた。そしてこれが、真の破壊による真の創造へと続く大事な必要な事項であったことが分かってきたのである。皇の法則の中に、上の役割の者が下の役割の者に対してその者が尋ねなければ話してはならないルールがある。このルールにおいては、皇の神々も人間が尋ねたことに対してのみ答えるルールを守っているのだ。

これが、各々が自立へ向かうルールである。自ら自立へ向かって、自分の人生の目的、幸匐を得るために自分の意志で行動しなければならないルールである。黙っていても親が助け導いてくれるルールはもう使われない。古いルールを使うことは許されないのである。したがって、決行が延びたことも当初からの想定内のことであった。知らぬは人間ばかりなりであった。

ワイオ理論が今の世に出されたことを最も嫌っていた闇の方々も、本来の闇のエネルギーの働きは、地上天国創造のための物質文明の基礎造りの働きと子どもである人間を自立して一人で生きることのできる大人にするためのものである。子どもを一人前に育てる厳しい頑固親父の役割である。しかし、いきすぎた頑固親父の暴走が執拗に妨害を仕掛けてくる。いつの世もどこの世界にも、いくら話しても分からないバカ者はいるということである。

そしてとうとう、小笠原先生は最後の手段に出られた。すべての神、仏、人間が望む地上天国創造のため、どうしても必要なワイオ理論の普及。それがどうしても気に入らないのであれば、わが命と引き換えにわが弟子への妨害をすべてやめてくれとの交換条件を出して、闇の方々と命をかけて交渉を行ったのである。

われわれ四十六代目の人間に対する高位の神々の過去世は四十四代。四十三代は恐竜の時代であり、四十四代の恐竜が小笠原先生の亡くなる二年ほど前からひそかに憑いてじわじわと命を縮めていたのである。先生は、それを分かっていながら、自分を防御することは一切しなかった。すべてが命然の中でどのように進められていくのかを確認しようとされていたと思う。先生は、ご自身の肉体の衰弱の限界に近づいた時、自分の命を闇に提供したのである。

これ程偉大な師の、命を捨ててまで理論の普及を願っていた思いを、弟子の誰一人として察する者はいなかった。真に不肖の弟子の集まりであった。師一人が自分の思いを誰にも告げることなく、一人孤独のうちにあの世へ旅立たれたのだ。師に対する申し訳ない思いがこみ上げてくる。小笠原先生存命中に出された侖様の言葉を、改めて心に重く受け止めたいと思う。

◇「侖様のお言葉」　H21・7・12　マコ姫

上　おいでくださり、ありがとうございます。侖様ですか？

侖様（以下＝ロ）（周囲を見渡し、うなずかれる）はい。はい（礼をされる）。

上　お言葉、頂戴致します。

ロ　はい。はい（終始、皆の顔を見ながら、お話をされる）。
集め長、集め長の、真の言葉を伝えよ。何のために、ワイオがこの地に降りたか分かるか？分かるか？（一人一人の顔を見られる）貴方がた、この日の本に生まれた訳が分かるか？集め長はこの星に住むすべての人々を幸せにしたいと思うておるぞ。自分の生涯を投げ出して楽に生きているとは思うなよ。集め長の中を覗いたことがあるか？苦悩に満ちた生涯ぞ。すべては民のために命を投げ出し捧げておるぞ。集め長が何のために［信じるなよ］と言うておるか分かるか？　その答えは、それぞれの中で出すべき答え。集め長は今世生涯の魂を閉じる。十の輪廻を繰り返しこの理論の完成を今世に迎え、皇の神へと生まれ変わる。縁がある者しかここには集わぬ。すべては申さん。己の魂に尋ね、成すべきこと、魂に問いて動くべきではないか？　集め長、小笠原慎吾生涯をかけておるぞ。顔では笑っておる。心では泣いておる。ここまで人は落ちたかと……集め長は心優しき御魂ぞ。それでもワイオに集う者に笑顔ふりまき。うん。苦労させたのう……。それでも人のためと生涯をかけたこと……。ま、小笠原慎吾には我の気持ちは伝えぬが、本当に感謝しておる（二度うなずかれ、長い長い一礼をされる）。

◇ワイン様（小笠原慎吾先生を送る言葉）　H22・3・23　恵香姫

大木は命を分け与えている。己の身体、すべてを捧げながら。偉大なる大木は、その大地のあらゆるエネルギーを根から吸収しその葉から宇宙の大いなるエネルギーを受け入れながら、それを己の体に蓄え命の雫に命の糧に変え続け、そしてその命を惜しげもなく分け与えていく。己のもとに戯れる獣たちに、ただ飛び交う鳥たちに、ただ幹に集まる虫たちにも、甘い実を甘い汁を惜しむことなく何の抵抗もせずに、黙って分け与えていく。やがて大木は時を知りその役目を終え、やがて空洞になったとしてもそれが生き物の巣穴と化したとしてもその身を呈することを拒まない。大木は命を乞うことはしない。大木は己の身を捧げながら守り続けた。いつか花開くであろう、かわいいわが子たちを見守り支え続けた。ただじっとその時を待ちながら。そして今、飛ばされ続けた種たちがあちらこちらに芽吹き始めている。またそこから新たな大木が育ちいく先を見定めながら、その一つ一つに思いのすべてを託し、悦びに満たされた大木は、己の命を乞うことはしない。己の大いなる役目を終えた偉大なる大木は、何一つ悔やむこともなく己の与え続けた命を、そのしかと残した軌跡のすべてを、今その誇りを胸に生き抜いた姿をさらすのだ。

◎H22・3・19　小笠原先生逝去にあたり、ワイン様が先生に贈った送る言葉

◇命様　H22・3・30　篤姫

上　命様でございますか？

口　さよう。

上　ありがとうございます。お言葉、頂戴致します。

口　到達した。やっと、やっとの導きであそこまで到達した。そのようだ。すべての者が待ちわびているこのワイオ、小笠原慎吾、どのような気持ちでわが身を投じたか分かるか？（泣かれている）あの者の心は誰にも分からぬ。そなたたちも見てきたであろう。あれが小笠原慎吾の生きざまじゃ。しかと見届けたであろう！　己の幸せ何一つ願わず、すべてが生きとし生けるものすべてに大きく、大きく波紋を投げかける最後、受け取る者の魂、魂のあり方により解釈はいかようにもできる。あの最後。あれが、あれが小笠原慎吾のそなたたちに残した大きな、大きなメッセージである。一人一人魂で受け止めよ。

闇からの様々な妨害、攻撃はワイオ理論の普及にがんばって取り組んでいる者ほど強く妨害される。仲間意識の分断、組織の破壊、肉躰的、精神的にその人の弱点を巧妙についてくる闇の攻撃の手口は、矢、吹き矢を射込む、槍で突き刺す。頭にコードを刺し込む。闇のエネルギーを入れ込むなど、各種あるが見えない世界から霊体に刺し込まれてくるので、よほど敏感な人でなければ異常に気がつかない。筆者は胃腸が丈夫ではないので絶えず矢を射込まれていた。矢が刺さるとすぐ矢を消去する小槌を使うのであるが、大事な仲間に矢が刺し込まれていないか、お互いにチェックをしては矢を抜くのである。闇が本当に命を狙って矢を射込む時は十数本を射込んでくる。さらに最近は毒矢を使うようになってきている。闇も必死で攻撃してきているのだ。筆者は三度程命を落とす手前までいった。篤姫も何度も命を狙われた。もちろん守る神々も必死に守ってくれる、醒委さんもがんばってくれているのであるが……それほど熾烈な闘いでもある。頭にコードを刺し込む攻撃は、刺し込まれると闇の思うように思考をコントロールされてしまう。コントロールによってワイオを否定的に考えたり、ワイオへのやる気がなくなったり、御魂さんや神々との交信を妨害されて、いつの間にか神との交信のつもりが闇との交信に変わっていたりと重要な判断を狂わされることが起こる。

闇のエネルギーが入った場合も同じである。よほど自分を冷静に保ち、見つめ、自己を客観的に判断できるように常に心がけていなければならない。自己の物事に対する確かな価値判断をワイオ理論の教えに基づく価値判断にしっかり合わせ、第三者として自己を常にチェックすることが必要である。コードは個人個人に刺し込まれるのであるが、世界を支配する闇のエネルギーは当然、反抗、抵抗してくる。敵国のリーダーたちにも刺し込まれる。日本においては大東亜戦争後、七年間もGHQに思想統制され自虐史観をしっかり押し込まれてしまったが、それは見える世界でやっていることで、原因の世界では闇の力が働いて政治家、官僚、左翼系の文化人など全体の七〇%のリーダー的な立場の人間がフリーメーソン、アメリカ、中国などの闇の力によってコードを刺し込まれコントロールされているのである。力の強弱、戦いの勝ち負けは、原因の世界ですでに決着がついているのである。よほど歴史の真実に基づく正しい歴史観を持っていないと、偽善者の自虐史観の人間へとコントロールされていく。結果の世界で真の愛国者がどれだけがんばって真実を伝えようとしても大勢を変えることはできない。

しかし、ようやく宇宙法則とエネルギーの変化（闇のエネルギーの衰退）によってすべての真実が大勢となる時が来たのである。世界を支配してきた闇のエネルギーに、無理矢理押し付けられ、思い込まされてきた自虐史観の大勢の中で、必死に矜持（きょうじ）を持って真実を伝えてきた。数少ない侍の方々の努力が、ようやく報われる時が来たのである。真の武士道精神を持たれている侍の方々に、一日も早くワイオ理論を知っていただきたいと心から思う。自分は絶対に正しい、大丈夫と思った途端にその自信、うぬぼれをつかれて、たちまち闇にからめとられて、闇の手先として使われることになる。もともと闇のつけ込まれる資質を持っている人もいるし、祖の時代を生きてきた故にゴミとしてしっかり取り込んでいる人は、はじめから闇に利用されることになる。闇の方々は祖の時代の厳しい権謀術数の戦いの中を生き抜いてきた方々なので、実に巧みに様々な手口を使って攻撃、妨害してくるのである。このことを常に意識の中に入れておかなければとても太刀打ちできるものではない。こうして多くの本来、同志として大きな役割を持った魂の者がワイオから離れていってしまっている。宇宙の不変の法則として陽と陰、+、−、光と闇、昼と夜、女と男のそれぞれの働き役割が常に対の働き役割としてバランスの基に物事が正常に行われている。どちらが上でどちらが下でもないどちらが善でどちらが悪でもない。苦あれば楽あり。山あれば谷あり、涙の次には笑いが来る。悲しみの後には嘉が来る。ただ時間の流れの中で苦の後にすぐ楽が来たり、悲しみの後にすぐ嘉が来ることもある。さっき泣いていたカラスがもう笑っているなどの短い時間での変化もあれば、昨日は嫌な日だったが、今日はとても良い日だったもあり、その時間が週、月、年と様々である。一生不幸な人生を送っても、来世において幸福な人生として埋め合わせが行われる。そして人類全体においては五千年の時間の中で行われる。祖の二千五百年の苦しい時代の埋め合わせは、これから皇の地上天国の二千五百年間の時代にしっかり埋め合わせが行われるのである。陰、苦、悲しみなどの一見マイナスの働きが、どうしても魂の進化になくてはならない宇宙の根元のエネルギーの働きとして存在しているのである。そして様々なマイナスを何とかしようとする意識の具体的な働き、行動こそが魂を進化させるのである。われわれワイオ理論を学んだ者は、心の底にその思いをしっかり持って闇との闘い、降りかかる火の粉を払う闘いをしている。

キリスト教は祖の時代の最大の宗教組織として全世界に大きな災厄をもたらした。その中にユダヤ民族（ユダヤ教徒）に対する迫害がある。迫害の最大のものはヒトラーによるユダヤ人、民族大虐殺（ホロコースト）がある。ユダヤ民族のイスカリオテのユダがイエスを敵に売り渡して殺したことが原因となっている。しかしイエスがキリスト（救世主）として世界最大の宗教教祖となりえたのは、イエスがユダの裏切りにあって殺され、その三日後に復活して奇跡を見せたからである。イエスが通常の普及活動をしていたのであれば、とてもここまでの大宗教にはならなかったであろう。真実はイエスとユダは宇宙神界二合目という、当時としてはとても高いレベルの魂であり、二人は魂のレベルでしっかり話が出来ていて、今回はイエスがキリストの役割、ユダが裏切り者の役割をしようという約束が出来ていたのである。こうしてキリスト教の基礎が造られていったのだ。ユダが高いレベルの御魂として、使命感を持っていなければとてもこの悪役、嫌われ役の大役をやり遂げることはできなかったのである。こうしてイエスのプラス（光）の働きと、ユダのマイナス（闇）の働きが迫害の原因、紛争の原因を造る事が祖の時代、物質文明を創造することにどうしても必要であった。迫害され、祖国をなくして世界を放浪する苦しみが物質文明創造のリーダー的役割をしていく原動力になっているのである。すべては宇宙の祖の法則に基づいて、イエスとユダの御魂を導いた神と、その時代の統括者、ワワハ様の計り事である。

地震予想　日別・全国市町村別一覧　H23・5・9

各地の地震予想（初日）

青森県	青森市　弘前市　八戸市　黒石市　五所川原市　十和田市 三沢市　むつ市　つがる市　平川市　平内町　今別町 蓬田村　外ヶ浜町　鰺ヶ沢町　深浦町　西目屋村　藤崎町 大鰐町　田舎館村　板柳町　鶴田町　中泊町
宮城県	仙台市　白石市　角田市　栗原市　登米市
東京都	千代田区　中央区　港区　新宿区　文京区　台東区　墨田区 江東区　品川区　目黒区　大田区　世田谷区　渋谷区 中野区　杉並区　豊島区　北区　荒川区　板橋区　練馬区 足立区　葛飾区　江戸川区　八王子市　立川市　武蔵野市 三鷹市　府中市　昭島市　調布市　町田市　小金井市 日野市　国分寺市　国立市　狛江市　東大和市　武蔵村山市 多摩市　稲城市　小平市　東村山市　西東京市　清瀬市 東久留米市　青梅市　福生市　羽村市　あきる野市　瑞穂町 日の出町　檜原村　奥多摩町 島：大島町　八丈町　新島村　神津島村　御蔵島村 青ヶ島村　小笠原村
愛知県	名古屋市　一宮市　瀬戸市　春日井市　犬山市　江南市 小牧市　稲沢市　尾張旭市　岩倉市　豊明市　日進市 清須市　北名古屋市　東郷町　長久手町　豊山町　大口町 扶桑町　津島市　愛西市　弥富市　あま市　大治町　蟹江町 飛島村　半田市　常滑市　東海市　大府市　知多市 阿久比町　東浦町　南知多町　美浜町　武豊町　岡崎市 碧南市　刈谷市　豊田市　安城市　西尾市　知立市　高浜市 幸田町　みよし市　豊橋市　豊川市　蒲郡市　新城市 田原市　設楽町　東栄町　豊根村

大阪市	大阪市　堺市　能勢町　豊能町　池田市　箕面市　豊中市 茨木市　高槻市　島本町　吹田市　摂津市　枚方市　交野市 寝屋川市　守口市　門真市　四条畷市　大東市　東大阪市 八尾市　柏原市　和泉市　高石市　泉大津市　忠岡町 岸和田市　貝塚市　熊取町　泉佐野市　田尻町　泉南市 阪南市　岬町　松原市　羽曳野市　藤井寺市　太子町 河南町　千早赤阪村　富田林市　大阪狭山市　河内長野市

各地の地震予想（2日目）

栃木県	宇都宮市　足利市　栃木市　佐野市　鹿沼市　日光市 小山市　真岡市　大田原市　矢板市　那須塩原市　さくら市 下野市　益子町　茂木町　芳賀町　壬生町　野木町　岩舟町 塩谷町　高根沢町　那須町　那珂川町　那須烏山市
長野県	小諸市　佐久市　佐久穂町　川上村　南牧村　南相木村 軽井沢町　御代田町　上田市　岡谷市　諏訪市　茅野市 下諏訪町　富士見町　原村　伊那市　駒ヶ根市　辰野町 箕輪町　飯島町　飯田市　松本市　塩尻市　安曇野市 大町市　長野市　千曲市　坂城町　小布施町　中野市 飯山市
岡山県	岡山市　美作市　津山市　玉野市　笠岡市　井原市　総社市 高梁市　新見市　備前市　瀬戸内市　赤磐市　真庭市 吉備中央町　倉敷市　浅口市　和気町
広島県	広島市（中区　佐伯区　南区　安佐北区　安芸区 安佐南区　東区　西区）呉市　竹原市　三原市　尾道市 福山市　府中市　三次市　庄原市　大竹市　東広島市 廿日市市　安芸高田市　江田島市
山口県	下関市　宇部市　山口市　萩市　防府市　下松市　岩国市 光市　長門市　柳井市　美祢市　周南市　山陽小野田市 周防大島町　和木町　上関町　田布施町　平生町　阿武町

佐賀県	佐賀市　鳥栖市　唐津市　多久市　伊万里市　武雄市 鹿島市　小城市　嬉野市　基山町　みやき町　上峰町 吉野ヶ里町　有田町　玄海町　大町町　江北町　白石町 太良町
長崎県	長崎市　佐世保市　島原市　諫早市　大村市　平戸市 松浦市　対馬市　壱岐市　五島市　西海市　雲仙市 南島原市　長与町　時津町　東彼杵町　川棚町　波佐見町 小値賀町　佐々町　新上五島町
鹿児島県	姶良市　阿久根市　天城町　奄美市　伊佐市　出水市 伊仙町　いちき串木野市　指宿市　宇検村　大崎町 鹿児島市　鹿屋市　喜界町　肝付町　霧島市　錦江町 さつま町　薩摩川内市　志布志市　瀬戸内町　曽於市 龍郷町　垂水市　知名町　徳之島町　十島村　西之表市 日置市　東串良町　枕崎市　三島村　南大隅町　南九州市 南さつま市　南種子町　屋久島町

各地の地震予想（3日目）

岩手県	盛岡市　宮古市　大船渡市　花巻市　北上市　久慈市 遠野市　一関市　陸前高田市　釜石市　二戸市　八幡平市 奥州市
秋田県	鹿角市　大館市　北秋田市　上小阿仁村　能代市　秋田市 男鹿市　潟上市　井川町　大潟村　由利本荘市　にかほ市 大仙市　美郷町　仙北市　横手市　湯沢市
山形県	山形市　上山市　天童市　山辺町　中山町　寒河江市 河北町　西川町　朝日町　大江町　村山市　東根市 尾花沢市　大石田町　新庄市　米沢市　南陽市　長井市 鶴岡市　酒田市

福島県	郡山市　須賀川市　田村市　天栄村　石川町　玉川村　平田村　古殿町　三春町　小野町　白河市　会津若松市　喜多方市　相馬市　南相馬市　いわき市
埼玉県	さいたま市　草加市　川口市　鳩ヶ谷市　蕨市　戸田市　上尾市　伊奈町　桶川市　北本市　鴻巣市　和光市　朝霞市　新座市　志木市　富士見市　三芳町　所沢市　ふじみ野市　川越市　狭山市　入間市　川島町　坂戸市　鶴ヶ島市　日高市　飯能市　吉見町　東松山市　鳩山町　越生町　毛呂山町　滑川町　嵐山町　ときがわ町　小川町　東秩父村　八潮市　三郷市　吉川市　越谷市　松伏町　春日部市　杉戸町　宮代町　白岡町　蓮田市　幸手市　久喜市　加須市　羽生市　行田市　熊谷市　深谷市　本庄市　美里町　寄居町　上里町　神川町　長瀞町　皆野町　横瀬町　秩父市　小鹿野町

各地の地震予想（４日目）

千葉県	千葉市　銚子市　市川市　船橋市　館山市　木更津市　松戸市　野田市　茂原市　成田市　佐倉市　東金市　旭市　習志野市　柏市　勝浦市　市原市　流山市　八千代市　我孫子市　鴨川市　鎌ヶ谷市　君津市　富津市　浦安市　四街道市　袖ヶ浦市　八街市　印西市　白井市　富里市　南房総市　匝瑳市　香取市　山武市　いすみ市
岐阜県	恵那市　大垣市　海津市　各務原市　可児市　岐阜市　郡上市　下呂市　関ヶ原町　関市　高山市　多治見市　土岐市　中津川市　飛騨市　瑞浪市　瑞穂市　美濃加茂市　美濃市　本巣市　山県市
静岡県	浜松市　磐田市　掛川市　袋井市　湖西市　御前崎市　菊川市　森町　静岡市　島田市　焼津市　藤枝市　牧乃原市　沼津市　熱海市　三島市　富士宮市　伊東市　富士市　御殿場市　裾野市　伊豆市　伊豆の国市　下田市

三重県	桑名市　いなべ市　四日市市　鈴鹿市　亀山市　津市　松阪市　伊勢市　鳥羽市　志摩市　伊賀市　名張市　尾鷲市　熊野市
兵庫県	神戸市　尼崎市　西宮市　芦屋市　伊丹市　宝塚市　川西市　三田市　明石市　加古川市　高砂市　西脇市　三木市　小野市　加西市　加東市　姫路市　相生市　たつの市　赤穂市　宍粟市　豊岡市　養父市　朝来市　篠山市　丹波市　洲本市　南あわじ市　淡路市

各地の地震予想（5日目）

和歌山県	和歌山市　海南市　橋本市　有田市　御坊市　田辺市　新宮市　紀の川市　岩出市
鳥取県	鳥取市　米子市　倉吉市　境港市　岩美町　若桜町　智頭町　八頭町　三朝町　湯梨浜町　琴浦町　北栄町　日吉津村　大山町　南部町　伯耆町　日南町　日野町　江府町
島根県	松江市　浜田市　出雲市　益田市　大田市　安来市　江津市　雲南市　東出雲町　奥出雲町　飯南町　斐川町　川本町　美郷町　邑南町　津和野町　吉賀町　海士町　西ノ島町　知夫村　隠岐の島町
大分県	別府市　杵築市　国東市　大分市　臼杵市　津久見市　由布市　佐伯市　竹田市　豊後大野市　日田市　中津市　豊後高田市　宇佐市
宮崎県	宮崎市　都城市　延岡市　日南市　小林市　日向市　串間市　西都市　えびの市　三股町　高原町　国富町　綾町　高鍋町　新富町　西米良村　木城町　川南町　都農町　門川町　諸塚村　椎葉村　美郷町　高千穂町　日之影町　五ヶ瀬町

各地の地震予想（6日目）

茨城県	水戸市　日立市　土浦市　古河市　石岡市　結城市　龍ケ崎市　下妻市　常総市　常陸太田市　高萩市　北茨城市　笠間市　取手市　牛久市　つくば市　ひたちなか市　鹿嶋市　潮来市　守谷市　常陸大宮市　那珂市　筑西市　坂東市　稲敷市　かすみがうら市　桜川市　神栖市　行方市　鉾田市　つくばみらい市　小美玉市　茨城町　大洗町　城里町　東海村　大子町　美浦村　阿見町　河内町　八千代町　五霞町　境町　利根町
群馬県	前橋市　高崎市　桐生市　みどり市　伊勢崎市　太田市　沼田市　館林市　渋川市　藤岡市　富岡市　安中市
神奈川県	横浜市　川崎市　相模原市　横須賀市　平塚市　鎌倉市　藤沢市　小田原市　茅ヶ崎市　逗子市　三浦市　秦野市　厚木市　大和市　伊勢原市　海老名市　座間市　南足柄市　綾瀬市　葉山町　寒川町　大磯町　箱根町　真鶴町　湯河原町　愛川町　清川村
新潟県	新潟市　長岡市　三条市　柏崎市　新発田市　小千谷市　加茂市　十日町市　見附市　村上市　燕市　糸魚川市　妙高市　五泉市　上越市　阿賀野市　佐渡市　魚沼市　南魚沼市　胎内市　聖籠町　弥彦村　田上町　阿賀町　出雲崎町　湯沢町　津南町　刈羽村　関川村　粟島浦村
富山県	富山市　高岡市　魚津市　氷見市　滑川市　黒部市　砺波市　小矢部市　南砺市　射水市　舟橋村　上市町　立山町　入善町　朝日町

北海道	札幌市　江別市　千歳市　恵庭市　石狩市　北広島市　当別町　新篠津村　小樽市　喜茂別町　室蘭市　苫小牧市　登別市　伊達市　豊浦町　洞爺湖町　壮瞥町　白老町　安平町　むかわ町　厚真町　函館市　北斗市　福島町　知内町　木古内町　八雲町　松前町　七飯町　鹿部町　長万部町　森町　江差町　上ノ国町　厚沢部町　乙部町　せたな町　大成町　奥尻町　夕張市　岩見沢市　美唄市　芦別市　赤平市　三笠市　滝川市　砂川市　歌志内市　深川市　旭川市　名寄市　富良野市　士別市　南富良野町　上富良野町　中富良野町　占冠村　音威子府村　北見市　網走市　紋別市　女満別町　斜里町　清里町　小清水町　訓子府町　佐呂間町　遠軽町　帯広市　音更町　士幌市　上士幌町　芽室町　広尾町　足寄町　釧路市　釧路町　厚岸町　弟子屈町　白糠町　鶴居村　根室市　別海町　中標津町　標津町　羅臼町　留萌市　小平町　増毛町　苫前町　羽幌町　遠別町　天塩町　幌延町　初山別村　稚内市　浜頓別町　中頓別町　枝幸町　豊富町　利尻町　利尻富士町　札文町　猿払村　日高町　平取町　新ひだか町　新冠町　浦河町　様似町　えりも町

各地の地震予想（７日目）

福井県	福井市　敦賀市　小浜市　大野市　勝山市　鯖江市　あわら市　越前市　坂井市　永平寺町　池田町　南越前町　越前町　美浜町　高浜町　おおい町　若狭町
石川県	金沢市　七尾市　小松市　輪島市　珠洲市　加賀市　羽咋市　かほく市　白山市　能美市　川北町　野々市町　津幡町　内灘町　志賀町　宝達志水町　中能登町　穴水町　能登町
滋賀県	大津市　草津市　守山市　栗東市　野洲市　甲賀市　湖南市　東近江市　近江八幡市　日野町　竜王町　彦根市　愛荘町　豊郷町　甲良町　多賀町　米原市　長浜市　高島市

京都府	京都市　福知山市　舞鶴市　綾部市　宇治市　宮津市　亀岡市　城陽市　向日市　長岡京市　八幡市　京田辺市　京丹後市　南丹市　木津川市　大山崎町　久御山町　井手町　宇治田原町　笠置町　和束町　精華町　南山城村　京丹波町　伊根町　与謝野町
徳島県	徳島市　鳴門市　小松島市　阿南市　吉野川市　阿波市　美馬市　三好市　勝浦町　上勝町　神山町　那賀町　牟岐町　美波町　つるぎ町　東みよし町

各地の地震予想（8日目）

香川県	高松市　丸亀市　坂出市　善通寺市　観音寺市　さぬき市　東かがわ市　三豊市　琴平町
愛媛県	松山市　今治市　宇和島市　八幡浜市　新居浜市　西条市　大洲市　伊予市　四国中央市　西予市　東温市　愛南町
高知県	高知市　室戸市　安芸市　南国市　土佐市　須崎市　宿毛市　土佐清水市　四万十市　香南市　香美市　東洋町　四万十町
福岡県	北九州市　福岡市　大牟田市　久留米市　直方市　飯塚市　田川市　柳川市　朝倉市　八女市　筑後市　大川市　行橋市　豊前市　中間市　小郡市　筑紫野市　春日市　大野城市　宗像市　大宰府市　古賀市　福津市　うきは市　宮若市　嘉麻市　みやま市　糸島市
山梨県	甲府市　富士吉田市　都留市　山梨市　大月市　韮崎市　南アルプス市　北杜市　甲斐市　笛吹市　上野原市　甲州市　中央市　市川三郷町　早川町　身延町　南部町　富士川町　昭和町　道志村　西桂町　忍野村　山中湖村　鳴沢村　富士河口湖町　小菅村　丹波山村

熊本県	熊本市　八代市　人吉市　荒尾市　水俣市　玉名市　天草市　山鹿市　菊池市　宇土市　上天草市　宇城市　阿蘇市　合志市　美里町　玉東町　和水町　南関町　長洲町　大津町　菊陽町　南小国町　小国町　産山村　高森町　南阿蘇村　御船町　嘉島町　益城町　甲佐町　山都町　氷川町　芦北町　津奈木町　五木村　球磨村
沖縄県	那覇市　宜野湾市　石垣市　浦添市　名護市　糸満市　沖縄市　豊見城市　うるま市　宮古島市　南城市　国頭村　大宜味村　東村　今帰仁村　本部町　恩納村　宜野座村　金武町　伊江村　読谷村　嘉手納町　北谷町　北中城村　中城村　西原町　与那原町　南風原町　渡嘉敷村　座間味村　粟国村　渡名喜村　南大東村　北大東村　伊平屋村　伊是名村　久米島町　八重瀬町　多良間村　竹富町　与那国町
奈良県	奈良市　大和高田市　大和郡山市　天理市　橿原市　桜井市　五條市　御所市　生駒市　香芝市　葛城市　宇陀市　山添村　平群町　三郷町　斑鳩町　安堵町　川西町　三宅町　田原本町　曽爾村　御杖村　高取町　明日香村　上牧町　王寺町　広陵町　河合町　吉野町　大淀町　下市町　黒滝村　天川村　野迫川村　十津川村　下北山村　上北山村　川上村　東吉野村

津波予想（17～27メートル）H23・5・17

初日	青森県（青森湾、陸奥湾、野辺地湾）　宮城県（仙台湾） 東京都（東京湾）　愛知県（三河湾、伊勢湾、渥美湾） 大阪府（大阪湾）
2日目	広島県（広島湾）　鹿児島（鹿児島湾、志布志湾） 長崎県（天草灘、橘湾、大村湾）　山口県（安芸灘、須佐湾）
4日目	静岡県（遠州灘、駿河湾）　三重県（伊勢湾）　兵庫県（播磨灘）
5日目	大分県（周防灘、別府湾）　宮崎県（日向灘、志布志湾） 鳥取県（久美浜湾）　和歌山県（熊野灘）　島根県（美保湾）
6日目	神奈川県（相模灘）　新潟県（新潟湾、真野湾） 富山県（富山湾）　北海道（単冠湾、内海湾、根室湾、野付湾、 浜中湾、厚岸湾、石狩湾、宗谷湾）
7日目	京都府（若狭湾）
8日目	愛媛県（伊予灘）　高知県（土佐湾）　福岡県（響灘、玄海灘 周防灘）　熊本県（島原湾）　沖縄県（名護湾、金武湾、中城湾）
※海底地震　東北、関東、北陸、関西、中国、四国、九州、沖縄 ※合計　　39湾　　11灘 ※津波：オホーツク海、太平洋、日本海、瀬戸内海、東シナ海	

各地の噴火予想

各地の噴火予想（初日）H23・5・9

青森県	桑畑山　恐山　釜臥山　荒沢山　石川台　金津山　吹越烏帽子　階上岳　戸来岳　滝ノ沢峠　櫛ヶ峰　八甲田山　八幡岳　東岳　烏帽子岳　縫道石山　矢立峠　丸屋形岳　袴腰岳　梵珠岳　久渡寺山　岩木山　増川岳　二ツ森　天狗岳　桝形山　噴火付近地域（森田　金木　小湊　川内　風間浦村　大畑　東通村　六ヶ所村　乙供　上北町　六戸町　倉石　剣吉　三戸　南郷）白神岳　中岳
宮城県	栗駒山　花山峠　鬼首峠　荒雄岳　雌釜雄釜　中山峠　徳仙丈山　蚕飼山　刈田岳　くりこま高原　翁峠　鍋越峠　薬莱山　篦岳山　金華山　面白山　船形山　神室岳　小栗山　蔵王山　不忘山　番城山　金山峠　二ツ森山　噴火付近地域（沼倉　朴沢）御烏帽子岳
東京都	噴火付近地域（青梅　秋川）天目山　蕎麦粒山　川苔山　棒ノ嶺　岩茸石山　惣岳山　本仁田山　鷹ノ巣山　天祖山　雲取山　七ツ石山　高水山　倉戸山　御前山　三頭山　大岳山　御岳山　浅間嶺　臼杵山　市道山　馬頭刈山　城山　刈寄山　日の出山　高尾山　陣馬山　生藤山
愛知県	猿投山　旭高原元気村　茶臼山高原　古真立　香嵐渓　鳳来寺山　石巻山　噴火付近地域（津具　東納庫）村積山　三ヶ根山
大阪府	深山　剣尾山　歌垣山　ポンポン山　釈迦岳　妙見山　竜王山　槙尾山　岩湧山　葛城山　犬鳴山　俎石山

各地の噴火予想（２日目）

栃木県	噴火付近（遅野沢　稲沢　伊王野　佐久山　梅沢　飛駒） 八溝山　御富士山　那須高原　黒尾谷岳　那須岳　茶臼岳 朝日岳　三本槍岳　半月山　金精山　金精峠　太郎山 女峰山　男体山　社山　鳴虫山　八海山　鷲子山　松倉山 芳賀富士　雨巻山　古賀志山　白根山　地蔵岳　横根山 石裂山　粕尾峠　釈迦ヶ岳　八方ヶ原　富士山　日留賀岳 明神ヶ岳　月山　深高山　三倉山　男鹿岳　荒海山 帝釈山　黒岩山　鬼怒沼山　皇海山　袈裟丸山　氷室山 枯木山
長野県	鳥甲山　岩菅山　志賀山　四阿山　浅間山　金峰山 高妻山　蓼科山　赤岳　人笠山　仙丈ヶ岳　奥茶臼山 白馬乗鞍岳　蓮華岳　燕岳　常念岳　木曽駒ヶ岳　空木岳 摺古木山　穂高岳　焼岳　乗鞍岳　地蔵峠　御嶽山 奥三界山　茶臼山　関田峠　菱ヶ岳　野辺山高原 甲武信ヶ岳　雨飾山　斑尾山　白馬岳　聖山　鷲羽岳 武石峰　車山　赤岳　小秀山　清内路峠　青薙山　赤石岳 間ノ岳　光岳
岡山県	上蒜山　鷲羽山　那岐山　噴火付近地域（神郷　哲西 哲多　備中　山野　勝山　有漢　吉永　勝央町　旭 鏡野町　建部）十禅寺山
広島県	比婆山　道後山　窓ヶ山　噴火付近地域（湯来　戸河内 加計　大朝　瀬野　八千代　高宮　作木　君田　吉舎 豊栄　甲山　神石　西城　豊松　神辺）
山口県	寂地山　小五郎山　羅漢山　平家ヶ岳　馬糞ヶ岳　蓮華山 烏帽子岳　高照寺山　氷室岳　嘉納山　大星山　皇座山 十種ヶ峰　津々良ヶ岳　大島　高山　遠岳山　笠山 東鳳翩山　西鳳翩山　小浜山　桂木山　花尾山　天井ヶ岳 一位ヶ岳　狗留孫山　華山

佐賀県	浮嶽　二丈岳　雷山　井原山　九千部山　脊振山　蛤岳　権現山　椿山　金立山　天山　女山　八幡岳　鬼の鼻山　腰岳　国見岳　杵島山　唐泉山　琴路山　虚空蔵山　経ヶ岳　多良岳　北山ダム　黒髪山
長崎県	経ヶ岳　多良岳　雲仙岳　雲仙 百合岳公園噴火付近（山代　七ツ釜鍾乳洞　喜々津　山内　松原　開　早岐　長浦　式見　鹿町　獅子）
鹿児島県	紫尾山　飯盛山　大野岳　開聞岳　野間岳　国見山　韓国岳　県民の森　桜島　高隈渓谷　中岳　佐牟田渓谷　稲尾岳　噴火付近地域（上場高原　金峰）　高千穂峰

各地の噴火予想（３日目）

岩手県	階上岳　荒川高原　立丸峠　六角牛山　五葉山　白石峠　室根山　笹ノ田峠　姥石峠　荷沢峠　種山高原　早池峰山　区界高原　区界峠　御大堂山　早坂峠　国境峠 奥中山高原　玉山　姫神山　猊鼻渓　栗駒山　焼石岳 仙岩峠　秋田駒ヶ岳　烏帽子岳　岩手山　八幡平　安比高原　和賀岳　巣郷峠　噴火付近地域（室根　宮守　葛巻町　種市　大野　山形　山根　大川　新里　陸中川井　大槌町　大沢　重茂　田老　小本　普代）　乳頭山
山形県	花立峠　中山峠　鍋越峠　船形山　関山峠　蔵王山 雄勝峠　丁岳　鳥海山　月山　十部一峠　小滝峠　吾妻山　白布峠　飯豊山　九才峠　宇津峠　蕨峠　祝瓶山　朝日岳　最上峡　以東岳　大越峠　摩耶山　噴火付近地域（藤島　遊佐　吹浦　大蔵村　舟形町　金山町）高森高原　羽黒山　金峰山

福島県	吾妻山　安達太良山　磐梯山　裏磐梯　日山（天王山） 竜子山　博士山　二岐山　三本槍岳　男鹿岳　会津朝日岳 七ヶ岳　荒海山　会津駒ケ岳　田代山　噴火付近（奥川 相田　臼石　大倉　黒木　磯部　原ノ町　室原　古道 新山　下川内　楢葉町　下小川　鹿島　入遠野　才田 下市萱　竹貫　川上　小絹木　水沼　堺　大桃　川前 大里　羽鳥湖　上三寄）霊山
秋田県	和賀岳　花山峠　田代岳　太平山　岨谷峡　保呂羽山 雄勝峠　神室山　白神山地　森岳　秋田峠　鳥海高原 寒風山　森吉山　発荷峠　八幡平　烏帽子岳　仙岩峠 矢立峠　史跡尾去沢鉱山　秋田駒ケ岳　鳥海山　乳頭山 栗駒山
埼玉県	陣見山　登谷山　宝登山　城峯山　塚山　父不見山 二子山　天丸山　両神山　三峰山　熊倉山　美の山 大霧山　笠山　丸山　武甲山　御岳山　四阿屋山　武川岳 大持山　蕨山　有間山　高水山　南天山　三国山　白泰山 伊豆ヶ岳　金岳　破風山　棒ノ嶺　蕎麦粒山　官ノ倉山

各地の噴火予想（4日目）

千葉県	噴火付近（栗源　蓮沼　高滝湖）大福山　鹿野山 養老渓谷　清澄山　鋸山　愛宕山　大山
岐阜県	伊吹山　千回沢山　冠山　温見峠　能郷白山　野伏ヶ岳 三ノ峰　位山　黒部五郎岳　槍ヶ岳　笠ヶ岳　穂高岳 焼岳　乗鞍岳　野麦峠　長峰峠　御嶽山　奥三界山 恵那山　焼山

静岡県	農鳥岳　塩見岳　荒川岳　赤石岳　聖岳　笊ヶ岳　光岳　山伏　大無間山　朝日岳　黒法師岳　蕎麦粒山　真富士山　竜爪山　笹間上　京丸山　岩岳山　秋葉山　毛無山　天子ヶ岳　富士山　三国山　不老山　金時山　愛鷹山　船原峠　大室山　天城山　長九郎山　婆娑羅山　白倉山　長者ヶ岳　達磨山　噴火付近地域（松見ヶ浦マリーナ浜名湖　只来　笹間上　韮山　青野　新蒲原）
三重県	御在所岳　仙ヶ岳　噴火付近（美杉　青山高原　弥起井）　高見山　池木屋山　仙千代ヶ峰　日出ヶ岳
兵庫県	深山　摩耶山　東床尾山　大河内　段ヶ峰　扇ノ山　氷ノ山　三室山　日名倉山　妙見山　中山　甲山　六甲山　東山　噴火付近地域（国府　生野　谷川　城崎　一宮　神鍋高原）

各地の噴火予想（5日目）

和歌山県	子ノ泊山　三石山　龍門山　高野山　陣ヶ峰　如法山　大塔山　法師山　百間山　城ヶ森山　白馬山　笠塔山　高尾山　竜神山　善司ノ森山　生石ヶ峰　犬ヶ丈山　真妻山　俎石山　玉置山　荒神山　峰ノ山　護摩壇山　葛城山　伯母子岳
鳥取県	扇ノ山　氷ノ山　三室山　那岐山　鉢伏山　鷲峰山　高鉢山　上蒜山　毛無山　大倉山　道後山　船上山　久松山
島根県	枕木山　仁多（平地）　大万木山　琴引山　三瓶山　石見銀山　大江高山　阿佐山　大佐山　恐羅漢山　立久恵峡　大漁渓　弟見山　噴火付近地域（美都　長浜　市山　大和　大呂　仁多）大満寺山

大分県	両子山　由布岳　祖母山　傾山　鶴見岳　万年山　久住山 犬ヶ岳　英彦山　釈迦岳　酒呑童子山 噴火付近平地（柿坂　天ケ瀬　直入）
宮崎県	矢岳山　韓国岳　高千穂峰　祖母山　大崩山　比叡山 諸塚山　行縢山　市房山　大森岳　シーガイア　鰐塚山 推八重公園　長田峡　猪八重公園　尾鈴山

各地の噴火予想（6日目）

茨城県	噴火付近（小菅　阿波村　稲田　椎尾）加波山　筑波山 鴻野山
群馬県	谷川岳　巻機山　下津川山　平ヶ岳　至仏山　景鶴山 尾瀬ヶ原　荷鞍山　黒岩山　四郎岳　日光白根山　武尊山 朝日岳　谷川岳　仙ノ倉岳　大高山　横手山　白根山 三国峠　大峰山　三峰山　迦葉山　皇海山　袈裟丸山 氷室山　根本山　赤城山　黒檜山　地蔵岳　子持山 鳴神山　入山　本白根山　有笠山　四阿山　菅平高原 鳥居峠　湯ノ丸山　烏帽子岳　篭ノ登山　高峯山　浅間山 浅間隠山　鼻曲山　榛名山　相馬山　離山　日暮山 妙義山　馬山　荒船山　鹿岳　西御荷鉾山　赤久縄山 二子山　志賀坂峠　天丸山　鬼怒沼山　白砂山　稲包山 金精峠
神奈川県	鞍掛山　駒ヶ岳　二子山　金時山　明神ヶ岳　仙石原 高松山　菰釣山　畦ヶ丸山　大室山　檜洞丸　袖平山 蛭ヶ岳　丹沢山　塔ノ岳　鷹取山　弘法山　大山　焼山 仏果山　石老山　生藤山　陣馬山　和田峠 噴火付近地域（田名　上荻野　黒川　柿生　日吉）

新潟県	妙高山　八海山　経塚山　焼峰山　粟ヶ岳　矢筈岳 守門岳　浅草岳　毛猛山　越後駒ヶ岳　巻機山　苗場山 松之山　斑尾山　乙妻山　火打山　白鳥山　黒姫山 米山　谷川岳　御神楽岳　以東岳 噴火付近地域（森林公園　中束　荒川）
富山県	剱岳　立山　白鳥山　犬ヶ岳　朝日岳　負釣山　杓子岳 白馬鑓ヶ岳　唐松岳　奥鐘山　毛勝山　猫又山　五竜岳 鹿島槍ヶ岳　爺ヶ岳　奥大日岳　大汝山　雄山　蓮華岳 針ノ木岳　烏帽子岳　水晶岳（黒岳）　鷲羽岳　天神山 鍬崎山　鉢伏山　薬師岳　黒部五郎岳　白木峰　高峰山 人形山　水無山　噴火付近地域（魚津）
北海道	利尻岳　羅臼岳　大雪山　石北峠　美幌峠　斜里岳 雌阿寒岳　トムラウシ山　十勝岳　麓郷　積丹半島 後方羊蹄山　幌尻岳　アポイ岳　有珠山　駒ヶ岳　恵山 佐幌岳　噴火付近（小平　愛別　滝上　佐呂間　上士幌 新冠　八雲　中川　名寄　豊頃）

各地の噴火予想（７日目）

石川県	宝立山　鉢伏山　別所岳　石動山　医王山　奈良岳　笈ヶ岳 大倉岳　鷲走ヶ岳　大日山　三ノ峰　卯辰山　白山 大日岳　福浦港　噴火付近（魚津）
福井県	三ノ峰　赤兎山　経ヶ岳　野伏ヶ岳　毘沙門岳　荒島岳 平家岳　浄法寺山　部子山　姥ヶ岳　冠山　金草岳 文殊山　野見ケ岳　国見岳　三国山　久須夜ヶ岳　飯盛山 噴火付近地域（山口　大谷　板取　樫津　安島）
滋賀県	三上山　阿星山　音羽山　三国岳　栃ノ木峠　横山岳 墓谷山　金糞岳　賤ケ岳　伊吹山　箱館山　霊仙山 御池岳　藤原岳　湖東三山　八幡山　比良山　蓬莱山 皆子山　釈迦ヶ岳　御在所山　甲賀土山　油日岳　岩尾山 笹ヶ岳　荒神山　繖山

京都府	太鼓山　峰山　鼓ヶ岳　磯砂山　大江山　三岳山　鬼ヶ城 弥仙山　頭巾山　八ヶ峰　三国岳　和知富士　砥石山 剣尾山　嵐山　荒神山
徳島県	大川山　竜王山　塩塚峰　国見山　中津峰山　寒峰　矢筈山 塔丸　野鹿池山　高ノ瀬　石立山　天狗塚　気延山　眉山 津田山　辰ヶ山　高越山　八面山　剣山　神山　中津山 太竜寺山　津峯山　明神山　雲早山　高丸山　胴切山 折宇谷山　古堂山　甚吉森　湯桶丸

各地の噴火予想（８日目）

香川県	紫雲出山　七宝山　雲辺寺山　大麻山　飯野山　大川山 高鉢山　大高見峰　鞍掛山　十瓶山　城山　大平山　竜王山 大滝山　矢筈山　女体山　壇特山　日盛山　五剣山 星ヶ城山　拇指嶽　洞雲山　神宮寺山　薬師山　津内山 浄願寺山　紫雲山　石清尾山　久米山　南嶺　嶽山
愛媛県	雲辺寺山　赤星山　東赤石山　別子山　笹ヶ峰　瓶ヶ森 伊予富士　石鎚山　東三方ヶ森　大川嶺　三本杭　篠山 噴火付近地域（松丸　野田　大野ヶ原　久万）
高知県	笹ヶ峰　瓶ヶ森　伊予富士　奥吉野渓谷　瀬戸川渓谷 立川工石山　安居渓谷　堂が森　篠山　三嶺　綱附森 野根山　今ノ山　甚吉森
福岡県	噴火付近地域（西公園　三ヶ畑　小石原　吉井）鹿原山 可也山　宝満山　犬ヶ岳　三国山　星原山　釈迦ヶ岳 天山　脊振山　雷山　浮嶽（二ヶ畑）英彦山

山梨県	甲斐駒ケ岳　権現山　二十六夜山　赤鞍ヶ岳　大室山 七ッ石山　飛龍山　三頭山　菜畑山　御正体山　篭坂峠 富士山　杓子山　三ッ峠山　御坂山　笹子峠　滝子山 金峰山　瑞牆山　小楢山　信州峠　御岳昇仙峡　帯那山 黒岳　節刀ヶ岳　富士ヶ嶺　小金沢山　大菩薩嶺　鶏冠山 笠取山　甲武信ヶ岳　黒金山　乾徳山　国師ヶ岳　身延山 篠井山　権現岳　編笠山　日向山　アサヨ峰　鳳凰山 地蔵ヶ岳　観音ヶ岳　甘利山　千頭星山　小太郎山　北岳 間ノ岳　鷲ノ住山　高谷山　西農鳥岳　農鳥岳　大籠岳 笹山　櫛形山　富士見山　七面山　八紘嶺　笊ヶ岳　鋸岳 大蔵高丸　百蔵山　小富士　奥千丈岳　薬師岳　八ヶ岳 編笠山　雲取山　唐松尾山　伊那荒倉岳　白鳥山
熊本県	星原山　瀬の本高原　涌蓋山　八方ケ岳　菊池渓谷 大観峰　阿蘇山　俵山　冠ヶ岳　蘇陽峡　三角　下岳 向坂山　国見岳　角山　仰烏帽子山　四浦東　白髪岳 国見山　噴火付近（三加和　野原　久連子　槻木　湯出 倉岳　魚貫　三角　河内　泗水　四浦東　黒石　柚木）
沖縄県	伊江城山　本部富士　八重岳　名護岳　恩納岳 噴火付近地域（ひめゆりの塔　新城　与勝半島）
奈良県	若草山　春日山　生駒山　信貴山　天香久山　音羽山 金剛山　国見山　葛城山　高見山　吉野山　御山 池木屋山　日出ヶ岳　大天井ヶ岳　高城山　大普賢岳 行者還岳　弥山　八経ヶ岳　釈迦ヶ岳　涅槃岳　護摩壇山 牛廻山　笠捨山　玉置山　冷水山

◇国常立大神大神様お言葉　H23・3・5　篤姫

上　お待たせ致しました。御岳山の大神様ですか？

国常立大神大神様（以下＝国）　さよう。

上　お言葉頂戴致します。

国　さまざまなことがあり、そなたたち言葉に出せない程、今は何をどのように伝えたらよいか……。すでにマグマ殿から話は聞いてあろう。どのように思ったか？　朝のあの件のことじゃ。

上　明朝起こるということですか？

国　そうではない。そなたたちが昨夜から、剣にて呼びかけ、大いに闇と戦ってくれたことじゃ。

上　神界からあと二十人ほどいれば……、というふうに言われまして、真にその準備がない状態でしたので、それぞれがかなり無理をしてくれました。何とか役目を果たせたということでいいのかと思っておりますが……。

国　そうじゃ。役目は充分に果たしていただいた。そのおかげで神界の策略、それが遂行できたということじゃ。

上　はい

国　さらには武田信玄公、大きな痛手を抱え、醍委殿達にあるったけの力を振り絞り、呼びかけていただいた。その力のおかげもあり、闇の勢力は思った以上に、弱まったことは確かであった。

上　はい。

国　それを見、われらは昨夜の戦略を施した。

上　はい。

国　それにて勢いよくわれらに向かってくる闇は、大まかに一掃できた。

上　はい。

国　残る闇は愉快犯などの、さしたる力がない闇じゃ。

上　はい。

国　そのようなものは相手になど、する必要がない。

上　はい。

国　それにて明確に伝えなければならぬことがある。明日、予定どおり決行致す。

上　はい。

国　ここは震源地よりやや遠くにありて、そなたたちの身は、真、安全であるが、すべてのことが、すぐ傍でさまざまなることが起きよう。目の前、暗黒なる世界が来るが、心して心落とさぬよう、その言葉が適切なるかどうかは、真は目の前にて崩れていく、崩れたその姿を見るつらさを、こらえること。それのみであろう。

上　はい。

国　まずは、事が起きれば、あらゆるエネルギーが発生し、事が忙しくなる故、今日は思い切り楽しむがよい。

上　はい。

国　聞いておきたいことは？

上　おそらく私は信州にはそう簡単には帰れない、交通が遮断されると思いますが、見通しとしてはどうでしょうか？

国　すぐには帰れない。

上　はい。

国　すぐに第二段目が来る。

上　はい。

国　そなたのことを思えば、心は苦しいが帰ってはならぬ。

上　ああ、そうですか……。次の週に信州にも来るということで、それが母の葬式にもなると思っておりますが、それも叶いませんか？

国　配慮はする。

上　はい。

国　そなたの家は、何事にも動じぬ。いなければならぬことはない。

上　はい。

国　心配ではあろうが、まずは役目に当たりなされ。

上　分かりました。

国　この天変地異により、大きな破壊と、創造なるそのもととなる者たちの目ざめが始まる。

上　はい。

国　失うものも大きいが、得るものも、目を見張るものものもくるぞ。

上　はい。

国　この地は何度目に起こる？

上　三回目かな……？

国　真は、当初の目的は三度目はここではなかったか？

上　はい。

国　すべてに道が引かれておる。

上　はい。

国　すでにここに来るまで、半年以上の月日がたった。その中で心の準備、物事への準備はとうに出来ておるはず。わしがここでもろもろ言う必要もなかろうが、心穏やかに、己をくれぐれも見失なわぬよう向かいなされ。

上　はい。

国　何かここにおる者、心配なことはあるか？　だが、心配はしてもどうにもならぬものがあること、心の中に入れておきなされ。

上　はい。

国　今日まで迷うことが多かったであろう？　どの道が正しいのか、なぜ、人はこのように心が変わるのか？　なぜ穏やかではなくなるのかさまざまであろう。一つずつ明確になってくる。消える者もいる。生まれ変わる者もいる。新たなる己の中に沈んでいるものが、ことごとく浮上してくる者もある。目の前で変わっていく姿を、まざまざと見ることにもなる。ここではっきりと己が分かる。人はかつて味わったことのないものが襲ってきた時、己が初めて見える。今世、生を受け、今日まで互いの道のりを生きてきた。その証しが、間もなく見せられる。被生命体といわれておるさまざまなる建造物、命ある生きとし生けるものと、すべてが心に深く刻むこと、静かに待つものたち。その中で人間だけが何も分かっていない。その姿もまざまざと見ることになる。一、二カ月が十年のごとくの歳月を感じるであろう。心、落ちた時、神の言葉を己の中に入れよ。

上　はい。

国　では、わしの伝えるべきことは伝えた。では。

上　ありがとうございました。

◇気吹戸主大神様（師匠）のお言葉　H23・3・9　篤姫

上　師匠、お話しください。
気吹戸主大神様（以下＝気）　どうする？　先ほどの、ムのお方の話をそなたはどのように受け止めた？
上　いやあ、そのまま受け取りましたが……。
気　相変わらずじゃのう……、物事、裏があるのじゃ！
上　（笑）
気　そのまま受け取ってどうするのじゃ？
上　う～ん……。
気　分からぬのう……。う～ん……。今までこれでよしと、思うてよかったことはあるか？　必ず、第二、第三と埋もれておったものが、次々と浮上してきたことはなかったか？
上　もうそろそろ、それも終わりかと思いましたが。
気　いやあ、甘いのう……相変わらず。敵は事を成すまであきらめん。第二、第三の手を打ってくる。第二段目、やるか？　まだ時間はあるぞ。
上　しかし、この神界の体制に対して、あちらは打つ手があるんですか？
気　あるから闇と言える。光と闇、力加減はどうじゃ？
上　もう圧倒的に光の方が、強いのではないですか？

気　光が強くなるのは、闇があるから言えるのじゃ。まだまだおるぞ。それ故見せたろう、そなたに。あの者じゃ。毒矢じゃ。
岡　ああ、早苗ちゃんだ……。
気　さすがは闇じゃ。まだおるぞと威嚇してきておったわ。
上　たかが威嚇！
気　だが油断はならぬ。
上　師匠！　やるべきことを、地震を、噴火をただちにやれば、いいんじゃないのですか？
気　それがやれるのなら、とうにやっておる！
上　なぜやれないんですか？
気　すべての闇を封じ込めてからじゃ。
上　先ほどのムの方の、しっかりと守るべき者は守るというあれも、真ではないんですか？
気　真じゃ。真ではないこと、何一つない。すべて真じゃ。だがこれからの新しき時代は、どのような時代になると聞いておる？
上　どのような時代も何も、もうこれ以上、だましの情報は流せません。
気　今はだましか？
上　少なくとも情報を受けた者は、またかと思います。
気　それでよい。またかと思う者は思わせればよい。この世界を動かす日本がその中心になる、大きな、大いなる役目を持つこの日本国において、その日本人たる日本の熱き武将の魂を受け継いだ者が、これだけのことを成そうという時に、一辺通りで成せると思うのか？

上　何遍もありました、もう。

気　そのようなことはそなたに言われずとも、よく分かっておる‼　世界を相手にしておることじゃ。さらにはそなたもよ～くわかっておるように、人間の大切なる魂を、虫けら同然に扱う闇じゃ。その闇をほんの少しでも残しておくならば、どのようなことになるかが、分かっておらんだけじゃ。ありとあらゆる作戦を練り、ありとあらゆる策謀で、今日までもちろん、そなたたちの力も充分に借りてのことじゃ。闇と戦い、ここまで追い詰めてきた。ここに来て、頼むからじたばたするな。あと少しではないか。

上　じたばたはしておりませんが、復活された日本の侍神たちは、その闇を防ぐことはできませんか？

気　戦っておる！　戦っておる故、ここまできたのじゃ！　いか程戦ったか……、傷だらけになり、戦っておったのじゃ！　力がない、力がない、などと言うな‼

上　そうは言いませんが、事ここに至って、まだ真の情報は流せないということですか？

気　真の破壊が目的じゃ。真は真の破壊が行われた時じゃ。第二段目が間もなく来る、その前に手を打つことをやらなければならぬ。やるか？

上　攻撃は、失ってはならない御魂に対してということですか？

気　そうじゃ。
上　分かりました。
気　第二段目、第三段目までじゃ。
上　はい。
気　あの者らより、多少の人数は少なくなってきておる、だんだんと追い込んできた。
上　ただちに取りかかります。
気　頼むぞ！

◇食糧の流通のエネルギーのお方のお言葉　H23・3・9　篤姫
上　お待たせ致しました。食料流通エネルギーのお方ですか？
食糧の流通のエネルギーのお方（以下＝食）　はい。
上　お言葉頂戴致します。
食　長きに渡り、人間とともに歩んでまいりました。その歴史の中で多くの経済を担当するわれわれでもありました。
上　はい。
食　しかし、われわれも大きな変化を遂げなければならない、その時期が間もなくやってまいります。

上　はい。

食　今日までのわれわれの働きは、留まるところなく急成長してきて、培ってきたものが、大きくそのわれわれを手放さなければならない時がやってまいりました。

上　はい。

食　明日起こると聞いておりますが、そのことが起これば、われわれは大きく変わるというより、動きを止めなければならないわけです。

上　はい。

食　一旦は流通は、全くというくらい、動かなくなります。

上　はい。

食　食糧難というようなことにはならないと思いますが、今、倉庫に眠っておるものが、すべてなくなるのに、どれくらいかかると思っておりますか？　外からの流通をなくしてのことです。食料、われわれのこと、外から入ってくるものをストップされた状態で、今ある何カ所かの倉庫に眠っております食料のことを申しておりますが。

上　四カ月くらいですか？

食　長くても半年は持ちません。では、その半年過ぎたらどうなると思いますか？

上　やはりあの大東亜戦争の終戦時のように、国が食料を配給するというような事態になっていくのですか？

食　そうです。そのような状態が起ころうなどとは、誰も思ってはいないでしょう。

上　はい。

食　物があふれているこの時代に、第二次世界大戦の後のようなことが、この現代において起こりうるなどとは、誰一人思ってはいないでしょう。

上　はい。

食　まあ一般家庭においても、かなりのわれわれのストックはあると思いますが、それらも尽きてくるのは一カ月でしょう。

上　はい。

食　なぜならこの大天変地異と呼ばれるものは、日本国で終わることではないでしょう。

上　はい。

食　世界中に次々と起こっていくことから想定すれば、じきに食糧難が来ることはお分かりではないですか?

上　はい。

食　ですが、政府においては地下の倉庫に備蓄してある食料をご存じですか?

上　はい、ある程度はと思いますが……。

食　二年は持つでしょう。

上　ほう。

食　それが配給になるということです。

上　ほう……。

食　ただし、この大天変地異において多くの人間がいなくなるでしょう。

上　はい。

食　それを想定した上での二年と申し上げております。

上　はい。

食　相当な量が眠っておりますよ。

上　それは主食ということだけではないのですか?

食　主食だけではございません。人間が生きていくためのしっかりとしたカロリー計算がされております。

上　ほう……。

食　この国もまんざら捨てた国でもございませんよ。しっかりと備蓄してありますから、どのようなことが起きても、食糧難で飢餓を味わわなければならぬようなことは起きません故、どうぞご安心のほどを皆様方にお伝えしにまいらせていただきました。

上　ほう……。いやあ、とても貴重な情報をありがとうございます。

食　心おきなく戦いなされ!

上　ありがとうございます。

食　今は真の人間の、真の気質というものが出てくる時でございます。

上　はい。

食　大変なるこの時期でございますが、われわれ、人間とともに今日まで進化成長を繰り返してまいりました。

上　はい。

食　この後も、姿、形は大いなる変化を遂げていきますが、皆様方と共に新しい時代も、新しくなったわれわれにて、共に歩んでまいりたいと思います。

上　ありがとうございます。よろしくお願い致します。

食　どうぞご安心を……。

上　本当にうれしい情報をありがとうございました。

食　では。

上　ぜひ、お札を体験していってください。

食　ありがとうございます。

（お札の準備　「食糧の流通エネルギーのお方」で、三枚）

上　流通が全国的に復活するのは、どのくらいの期間がかかりますか?

食　全国的にはやはり二カ月半はかかります。ただし、その地域、市、自治体で、しっかりと保存されておりますので安心をしてください。

上　はい。

食　いざとなれば日本国は国民を守るだけの、食料はしっかりと蓄えてありますゆえ、まずは心配なさらぬようお願い申し上げます。

上　ありがとうございます。やはり各自治体での備蓄などで、それほど流通が早急に必要ではないということですか？

食　そうです。

上　この段階において、地方自治的なものはかなり進むということですか？

食　そうです。それが主になってまいります。

上　ああ……、はい。やはり終戦の時と同じで、食料自給できる地方が、とてもこの時期は、不安がまずは解消されていくということでしょうね？

食　そうです。そのとおりです。だからこそ河村たかし、橋下徹、この二人は抜き出ておりますね？

上　はい。

食　この後、更なる進化を遂げるお二人に多くの民主党からも、流れてきますよ。自民党は数少ないですが、民主党からは自治体に力を入れてくる議員が多く出てまいります。

上　はあ、う～ん……。基本的に自治体というものは、今の県単位が、ブロックの形になるのですか？

食　そうです！

上　はあ〜……。それでは感謝を込めて、お札を使わせていただきます。

食　ありがとうございます。

（お札を焚く）

上　感想などを聞かせください。

食　はい。噂では素晴らしい威力ということは、私どものところにも実は届いておりました。お伝えしに来れば、お札に乗せてくださるという話も聞いております。まあ、皆さまと共に歩いてきた者ですから、本音で皆様に接していきたいと思っておりますゆえ。まさに聞きしに勝る、素晴らしい力、威力を持つお札とみました。

上　ありがとうございます。

食　われわれ、人間のように細やかな配慮はできませぬが、その中でもわれわれのできる限りで、人間に負担にならないよう、さらには少しでも効率よくという神経をいか程、今日までそこに費やしてきたか……。正直、身体はボロボロでございました。

上　はい。

食　分かりやすく言えば、身体中、鉄の鉛を付けられたように重くのしかかってくる日々でございました。しかしお札を使っていただくと、言葉をかけていただいた時から、なぜか肩の鉛の部分がふ〜っととれて、さらにはお札に乗せていただいて、燃やしていただいた瞬間でございます。すべてが解放されたような、軽さを味わわせていただきました。これは噂以上のものでございます。次々と集まってくる、いや、もうすでに集まってきているわれわれの同志、このお札を体験したくてまいっているものでございますゆえ、なにとぞ、少しでも早くお札を体験させてやっていただけないでしょうか？

上　はい。分かりました。

食　どうかよろしくお願い申し上げます。

皆　ありがとうございました。

◇ムのお方のお言葉　H23・3・9　19時　篤姫

上　ご苦労様でございます。ムのお方様、お言葉頂戴致します。

ムのお方（以下＝ム）　すでにわれわれより早く、事のいきさつを知ったのう。

上　はい。

ム　気吹戸主殿、見事な洞察力を持ち、真、危いところを、助けていただいた。

上　はい。

ム　そのようなことまで、計画をしている事は、薄々は感じておったが、真、そこまでやるとは、思わなかったぞ。

上　はい。

ム　神界、すべてを代表し、これまでの数々の功績に対し、感謝の意を述べさせてもらう。
上　おかげさまでございます。
ム　これにて、真の破壊が、決行致せる。
上　はい。
ム　氏の言うように、多くの神をその働きを蘇らせていただける故、当時われらが懸念していた、皇の御魂を巻き込んでしまうということの件においても、委ねることができる。
上　はあ……。
ム　後はわれらが見て、どの時間を行えばより多くの皇の御魂を巻き込まずに済むかは、この後時間を知らせなければならぬか？
上　いえ、それはムのお方様の一番適切な判断で、行っていただければと思います。
ム　もう少し、後がよかろう。
上　はい。
ム　今では、犠牲者が多い。
上　高層ビルから昼食に、外に出たときということですか？
ム　そのとおりじゃ。それにてかなりの御魂は救えるぞ。
上　はい。
ム　そう思うてくだされ。

上　分かりました。
ム　では。
上　ご苦労様です。
皆　ありがとうございました。

★この日の午後、地震の発生を感じ、たま出版に警告電話する。三十分ほどのちに関東地方でも激しい揺れを感じた。震源は三陸沖であった。

◇原子力発電設備のエネルギーの方のお言葉　H23・3・9　篤姫

上　ようこそおいでくださいました。大きな地震が起こるということで、原子力発電所の設備のエネルギーのお方は、そのことをどのように感じているかお話しくださいますか？
原子力発電設備のエネルギーのお方（以下＝原）　断じて破壊されてはならない。今気づいていただかなければ大変なことになる。どのようにしたら、われわれを守っていただけるか。大きな、大きな任務であるぞ。
上　原発の危険性は日本神界でも充分考慮されていると思いますが、神々からのいろいろなお話はどうでしたか？
原　もちろん聞いておる。ただ、氏の方からも必ず何らかのアクションが来ると申されておった。それがそなたの役割ではないのか？

上　真に言われるとおりでございます。うかつでございました。もう少し早くお話を伺うべきでありましたが。

原　真はわれわれを意識の中に置かぬため、破壊ができなかったのかもしれぬぞ。

上　まさに言われてみれば、それは一つの大きな要素であったかもしれません。

原　なぜ交信をした時にすぐにわしの話を聞こうと思わなかった？

上　はい。やはりすべてを段取りする神界においてどうしても必要なことは、われわれ段階的に受け取らせていただいていると思っておりました。

原　ならば、すぐに何よりも優先させなければならないものはわれわれである。すぐに対処してくだされ。

上　われわれにできることは、光の柱を建てるということですが。

原　それが何よりもわれらを守れることになる。

上　具体的には体験はされてないと思いますが、神界からのお話があったということですか？

原　そうじゃ。

上　早急に対処いたします。

原　頼みますぞ。

上　少しお尋ねしたいことがありますが。

原　どのようなことじゃ。

上　これからの皇の時代の原子力発電というものは、その他の発電ということに関するエネルギーとしてどのように変わっていきますか？

原　先ほどそなたが話しておったのう。ダムは消える。それにていらぬものは捨てよう。太陽光発電、これが大きな力となってくる。中心的になるといっても過言ではない。われらは今はそこに大きな意識を投入しておるぞ。故に守っていただかなければならぬということじゃ。ほとんどが太陽光。それのみといってもよい。

上　そうすると、今計画中の原子力発電というものもありますが、建設には至らないということですか？

原　消える。

上　はい。核分裂のエネルギーというものすべてが消えていくということですか？

原　消える。

上　廃棄物として随分処理が大変ですが、これは今の核の知識以外に、以上な形ですみやかに消すということはできるのですか？

原　少し時間は費やすが、地中深く沈められる。時間は七十二時間はかかるであろう。

上　そんなに早く消えるんですか？

原　消える。光の柱というもののわれらへの効力を話そうではないか。人間界における光の柱とわれらが必要とする光の柱の効力はおよそ異なるものがある。消えるものを七十二時間で消すというその効力があることを知っているか？

上　いやぁ、初めて聞きました。

原　ではそのような気持ちで光の柱を建てるということは、意識の中になかったことではないのか？

上　はい。万一の時にその放射能の害を七十二時間で消せるということですか？

原　そうじゃ。その役割は光の柱しかできぬことも知らなかったか？

上　全く知りませんでした。

原　ならば今日は大きなことを学んだのう。したがって、すべての場所に建柱をしていただきたい。

上　分かりました。この地図によりますと、一カ所に多い所で七号基ですか、五基、この数多い場所は一本で良いですか？

原　少なかろうと多かろうと光の柱の効力は何の変わりもない。一本でよろしい。

上　分かりました。ただちに取り組みます。

原　では。

上　ぜひ、お札を体験してください。

原　お札はありがたいが、先にやっていただけるか？

上　そうですか。

原　われらは不安で仕方がない。お札に乗せていただくことよりもまず先にやっていただきたい。

上　日本全国ですので、そうですね。三十分もあればできると思います。お札の体験はその後の方がよろしいのですか？

原　三十分でできるか？

上　建柱はそれでできると思います。

原　ではお札に乗せていただこう。

上　はい。

（お札を焚く）

岡　お札を焚かせていただきました。感想をお聞かせください。

原　やはりそなたがお札、お札という意味が、乗せていただき、よ～く分からせていただいた。真は迫りくる大混乱に対処しどのように多くの民を守っていけばよいのか。真は体が切り刻まれたような思いで背中に痛みを覚え、どうしてよいやらそのように、思うようにわが身の縛りが強く、実は苦労しておった。しかし何と心地よい、今はかなりの縛りから抜け出し、己のやるべきことの方向性がしっかりと見え、これがわが生きてきた証し。民を守ること、これに更なる命を懸けていこうと心静かに決心をさせていただいた。真にありがとうございました。

上　ありがとうございました。

◇ワイン様のお言葉　H23・3・10　篤姫

上　ワイン様、ご苦労様です。お言葉頂戴致します。

ワイン様（以下＝ワ）　いろいろ重なるのう。苦しめるために痛みを起こしているわけではない。

新　はい。

ワ　われらは肉体なきため、人間の症状というもので訴えるしかないということを、申し訳なく思っておるが、まあ許してくだされ。

新　はい。

ワ　今はやることが多くあり、体も相当疲れておること、夜も安眠できず、仕事も早く終わることもできず、真にわれらから見てもそなたたちには、本当に頭が下がる。こうしてここの、この場所がなければ、このようなことも何一つ満足に進めていくことすらできぬと思うている。今日まで心を落とさず、笑いを忘れず、今日まで氏を助け、がんばってくださったこと、わしらはよ～く見ておる。あと何日か、大変であろうが、事が落ち着き、周りが穏やかになった時に、己の身に起きた幸せを一つずつかみしめていけるであろう。ここがなければ何事も新しい時代に導くことは何もできぬ。ゆえに多くの神もここに集うておる。一つずつ前へ進めてくだされ。

上　はい。

ワ　今わしが出てきたのは、まずは明日休みをとり、体をゆっくり横にしたいと思うところをまた休めなくなってしまったこと、まずは少しだけ、わしからのねぎらいの言葉をかけたくて、どれだけわしらがありがたくて、そなたたちに手を合わせておるか……。そなたたちなければ、このようにわしらの言葉を伝えることもできん。必ずよき方に導いていく故、今しばらく辛抱してくだされよ。

皆　はい。

ワ　必要あることは、段階を経て伝えていこう。

上　はい。

ワ　では連日に及び、真にご苦労である。

皆　ありがとうございました。

◇ワソハ様のお言葉　Ｈ23・3・10　篤姫

上　ワソハ様、ご苦労様です。お言葉頂戴致します。

ワソハ様（以下＝ワソ）　よき所に目をつけたではないか。

上　はい。

ワソ　真に大変なことになる。なぜ八月二十九日以来、世界中の神々をまず相手に、さまざまなる言い分を聞き、今日までの経緯があったが、真は人間界の問題にて、さまざまなるものが目の前に浮上してきて、どのようにそこを避けられるか、日々われらは検討を重ねていた。

上　はい。

ワソ　大きなエネルギーにて守らなければならない皇の御魂を、どれだけ犠牲にしてしまうかを、何日も何日も時間をかけ、今日という日を導いてもきた。

上　はい。

ワソ　昨夜は真は、原子力のエネルギーの方ではなかったはずじゃ。そなたが呼びかけをしたのは、そうではないか？

上　はい。

ワソ　だが今われらが出なければということで、出てくださったのじゃ。分かっておるか？

上　原発のエネルギーの方ではなかったのですか？

ワソ　原発のエネルギーの方ではない。必要あってお願いをした。

上　ほう……。

ワソ　今、そなたたちが申していたように、原発はそれぞれの拠点を持っておるが、今話した危険物と称されるものは、自由自在に動いておるぞ。

上　はい。

ワソ　もちろん、設置してある場所も多くあるが、そこを探すわけにはいかんだろう。

上　はい。

ワソ　ではどうすればよいかは、ただ今、矢のエネルギーの方の言葉でお札の使い方を示してくださった。使い方を考慮してみなされ。

上　はい。

ワソ　それにて大きく守られる。さらに、石油コンビナートは調べれば出てくるぞ。そこを検索し、光の柱を建ててくれ。

上　はい。

ワソ　所在地が分からぬものはお札にて対処してくれ。

上　はい。

ワソ　近年はインターネットというものがあろう。それで名称が分かれば大半は出てくるぞ。

上　はい。

ワソ　その場所に光の柱を、まだ時間はある。

上　石油とガスでいいですか？　他には危険な化学物質はいいですか？

ワソ　液体窒素もそうであろう。

上　液体窒素……。

ワソ　化学薬品を多く扱うところはどこじゃ？
上　ああ……。
ワソ　そこを探りなされよ。
上　え～……、肥料会社、う～んと……、化学薬品……。
ワソ　北里大学病院は多く、さまざまなるウイルスも保管してある保管庫があるぞ。そこも光の柱を三本建てなされ。
上　はい。
ワソ　多くの動物が実験台とされており、さまざまなるウイルスも注入されておる。
上　はい。
ワソ　それが破壊されると、皇の御魂も守れん。
上　はい。
ワソ　十二カ所ある。そのような場所が……。それはこの者に知らせるぞ。
上　はい。
ワソ　あとはよいか？
岡　全国の石油コンビナートは、インターネットで探せると思うのですが……。
ワソ　探せる。
岡　あとのガスタンクとか液体窒素、化学薬品とかはお札で……？

ワソ　お札でよい。

岡　よろしいんですね？　分かりました。

ワソ　ほかはよいか？

上　え～……まずは第一回目の震源地となります所の都市部、結界を張ってそこに闇が入れないようにするというようなことは必要ありませんか？

ワソ　いや。必要ある。それはそなたに任せるゆえ。

上　はい。え～っと……。

ワソ　まずはまだまだ残っている闇、対処してからじゃ。その後に今のことを実行しなされ。

上　はい。

ワソ　まずは闇が先じゃ。

上　明日、休もうという考えがありますが、それどころではないということになりますか？

ワソ　話は聞いておる。だが拠点を守るこの者たちの体も考慮しなければならぬ。

上　はい。

ワソ　午後の三時頃から出てはもらえぬか？

上　私の甲府のセミナーもキャンセルした方がよいということですか？

ワソ　もちろん、それは言うまでもなかろう。

上　分かりました。

ワソ　今は何より、大切な時である。
上　はい。
ワソ　わしの口から言うのもおかしいが、一度目がくれば、体は休められる。むしろ休めなければならぬ。
上　はい。
ワソ　今が一番大切なる時でもある。がんばってもらえるか？
岡　はい。
上　日曜日の前でという時間で動けということですか？
ワソ　（うなずく）
上　はい。分かりました。
ワソ　大変であろうが、ここは共に力を合わせ、乗り切ってほしい。
上　はい。
ワソ　頼みまするぞ。
皆　はい。ありがとうございました。

◎三月十一日、日本の歴史上未曾有の東北関東大震災が、闇の卑怯な手口によって行われた。
人類の歴史には、多くのまさに血も涙もない冷酷な虐殺が無数に行われてきたが、この地震、津波による無差別の殺戮も、改めて闇の正体を見る思いであった。本来の闇の働きによって、育て成長させてきた多くの人間の命も、苦労して造り上げてきた多くの被生命体も、無惨にいかなる正当性もなく殺し、破壊したのである。こうして地上天国創造のための真の破壊は、さらに延期せざるを得ないことになってしまった。

同じ闇と呼ばれている存在であっても、本来の役目を立派に果たし、胸を張って誇りを持ってお札に乗られ、休まれていかれた闇の方々も多数おられたことを忘れてはならないのであるが……。

神界は破壊の計画の練り直しを、早急にしなければならなくなった。

◇石油のエネルギーの方のお言葉　H23・3・17　琴姫

上　ご苦労様です。石油のエネルギーの方ですか？

石油のエネルギーのお方（以下＝石）　そうじゃ。

上　お言葉頂戴致します。

石　皆われらを求めて忙しく動き回っておるのう。われらは日本中が、日本中の皆が困らぬよう、われらはちゃんと蓄えられておる。先ほどの神も申しておったが、やはり誤った報道に惑わされ、それを求める民や企業の者などで一時的にすぐ目の前の市場にはないという状況を、目の前にして不安が募り、何日も並び、買い求めるこの状況、われらはちゃんとあるぞ。あの炎上したコンビナートはあった。あそこが炎上しても、われらは日本中を温かくしたり燃料にされたりする分はちゃんとある。誤った報道に惑わされず、もう少し冷静に世の中を見てほしい。どうしても見えている世界の情報源がテレビやラジオになってしまう。もしくは人づてにあそこがいいよ、とかそういうものに惑わされ右往左往しているのを一番喜んでいるのは誰だと思う？　その薄ら笑いが見えるであろう。それには惑わされず己のやるべきことをまっしぐらに、それを成し遂げようと戦っている者たちはきちんと神々や協力してくれるエネルギーが働き、燃料は届く。心配せず、惑わされずもう少し待っていてほしい。

栗　すいません。質問してもいいですか？

石　よいぞ。

栗　惑わされず心配されず待っているというのは分かるのですが、現状にないんですね、ガソリンスタンドに。実際に入れられなくてここのスタッフも自転車で来たりと、いろんな都合を考えて行動しているのですが、そういうものが目の前で解消されるという時期っていうのはいつ頃来るってみていますか？

石　今週末から来週にかけて徐々に、買い求めて今まで来た客が減り、本来動かねばならぬ者たちへの配給ができるようになる。

栗　今週末から来週早々ぐらいですか？

石　そうじゃ。

上　輸送の復旧において邪魔している闇は相当働いておりますか？

石　働いておる。人々が混乱し不安を募らせ、右往左往している姿を薄ら笑いを浮かべて見ておる。

上　昨日、闇に動かされていると思われるマスコミの闇として剣を使いましたが、そのあたりの効果だとか、この輸送の回復に対して妨害する闇に対する剣を使うだとか、アドバイスがございましたらお願い致します。

石　マスコミへの対処としては剣を使っていただいたおかげで、少しは解消したが、やはりマスコミ業界の中にも真の報道をしようとする者はことごとく切られ、全く採用はされずということもここにきて浮上しておる。剣で切ったからすべて解消したわけではない。人やものの間にある闇は、そうそうなことでは消滅はしない。ただ、正しい情報は流さなければならない。そこをここに頼みたい。それからマスコミ業界で関わる闇ということでもう一度だけお札を書いてもらえぬか。あまりにも今起きている現状をより世の中を惑わせ恐怖に差し向けるようなエネルギーが強すぎ、そのお札が終わった後、その流通に関するところにかかわる闇でお札と杖を使ってほしい。流通が目に見えてよくなるのは今週いっぱいは難しい。来週以降、一つずつ解決していき、少しずつ市場にも出回るようになる。二、三週間後には、あの一週間が嘘だったことのようにまた市場が潤ってくる、それ故、今邪魔をしている闇をここの持てる力で何とか対処してほしい。

上　以前、神界の言葉の中に、もうこの地震の起こる前の段階でお札に乗るべき闇は、全部乗ったと聞かされました。そのことはどうでしょうか？

石　もちろん。氏の言うとおり、その時点で乗るべき闇はほぼすべて乗ったといえよう。しかしここまでやった闇じゃ。そしてここに来てもまだお札を使うというところも見ている闇も中に入る。人々の心の中にいる闇もそのような大きなことを起こす力はもうないが、やはり乗りたくて行動している闇もいる。

上　とても乗せてやる気にはなれませんがどうですか？

石　氏のその気持ちもよく分かる。これまで一生懸命にさまざまな闇と戦い、ここまできた。この期に及んでなんだという思いは分かるが、闇にも闇の段階というものがあり、ここにきて、言い方は悪いが降参するという闇もいる。もう我の持てる力は使いきったという闇もおる。特に極悪非道な卑劣な闇で情はないと、そのような闇はまだまだ乗らぬと、剣や杖を使っておるが、その闇ではなく、人と人の間にいる闇や潜んでいた闇は、ここにきて現状が動いている故、乗りたくて行動を起こしているものもある。われらの目的は闇が一掃され、地上天国を造ること、そうではなかったか。

上　日本が見本を示すということにおいては分かりますが、日本が終わった後、外国に起こるそれも段階的にお札に乗せていくということになりますか？

石　その時にまたその対処の仕方が出てくるとは思うが、このように日本でたくさんお札を使い闇の方々を送るということを全世界は注目をして見ておる。ましてやお札と言うものの力も、その効力も、皆息をのんで見ておる。いち早くそれに乗ったものが天国に行ける、もう働かなくてよいと認識した闇は、きっとこの先も来るであろうが、今近くではない。もっと先の話だ。

上　闇にお札を使ったとして、使わなかった場合と使った場合の比較は分からないと思いますが、お札に乗った闇がまだ極悪非道なことをしている闇に呼びかけてお札に乗るように動くということはありますか？

石　少なくともそれはある。誘導するきっかけになることは確かじゃ。

上　分かりました。

栗　一つ聞きたいんですけど。

石　なんじゃ。

栗　昨日ですね。ワイン様からお言葉をいただきまして、それぞれの人間の中に入った闇のエネルギーにお札を使いなさいと、そして二十四枚のお札を使わせていただいたのですが、すごくお札の燃え方がよかったんですね。それに関して効果はあったんでしょうか？

石　もちろん。

栗　どのような効果なのか教えていただけますか？

石　それを認識しお札を書き、言葉を乗せ燃やした者たちは心からの言葉を乗せた故、闇はほぼ乗ったと言えよう。ただ、今朝ほども申しておったような外に出てしまえば狙われる確率は高いが、そのパーセンテージが少し下がるであろう。効果としては、われわれから見れば、本当にやってもらって良かったと言い、あの世に逝った闇たちがうれしそうにしているのを聞いた。そして見える世界では、真のことを知ろうというそういう意識を、今の見えている世界で惑わされず、誤った情報に惑わされず真のことを見ようという、そういう意識の方に闇が邪魔せず、素直にそのものが動けるという方になる。それが今回の効果ということになる。ただ自分にも闇が入っているのかどうかを常に気にし、気づけるような努力をしなければ心からの言葉で闇の方を送ることはできない。

栗　ありがとうございました。

石　では、質問がなければ。誤った情報に惑わされず、もう少し心を静かに待たれてほしい。ではこれにて失礼致す。

皆　ありがとうございました。

◇津波のエネルギーのお方のお言葉　H23・3・17　篤姫

上　ようこそおいでくださいました。津波のエネルギーのお方ですか？

津波のエネルギーのお方（以下＝津）　はい。

上　お言葉頂戴致します。

津　この度はわれわれの本意では、決して決して本意ではございません。

上　はい。

津　あのように黒く変化した、重油のような津波と化したわれわれは、人をのみ込むため、人の命を無惨に奪うために発生するものではございません。

上　はい。

津　われわれ津波は、地下のプレートがズレるということにおいて、多くは生まれます。

上　はい。

津　この度のことは、言いようのない悔しさが、身体中、悔しさで包まれております。真のわれわれの目的、役割を申し上げねばならぬと思い、こうしてここに出させていただいております。

上　ありがとうございます。

津　この日本列島、海流の仕組みにて、これから起こるという大天変地異にて、われわれの大きな果たすべく役割を申し上げます。

上　はい。

津　十七メートル前後から二十六、二十七メートルの津波に変化します。

上　はい。

津　そしてわれわれは一つの目的を成すために、その目的は地震にて地盤を揺るがせ、地下のマグマ殿と連携し、地中深く、地上にあるものを共にのみ込んでいきます。

上　はい。

津　今、東北地方を襲った津波、行き場がなくさまよい、己の帰る道も見つからず、何時間もさまよいました。

上　う〜ん……。

津　われらの仲間として、闇に思うように操られ、およそ不本意である。魂の記録など、何の見定めもなく、片っ端からのみ込んでいき、さらには己の帰る所も知らず、無惨な姿でございます（涙）。あの姿を見、真のわれわれの役割の相違をまざまざと知らせることになります。さらに神のお言葉にて、光の柱を建てていただきました。これにてより多くの御魂を救えると、ありがたく拝聴させていただきました。われら単独で行うことではございません。

上　はい。

津　多くの神々とマグマ殿の誘導によって、われらは今世紀最大の大事業を成し遂げます。

上　ほう……。

津　それにてすべての総力を結集したことになる故、この後のこの地上においては二度と起こり得ることはございません。

上　ほう……。

津　どうぞ、津波の高さが、闇が起こした高さと大きく違う故、不安をどうかかき立てられないよう、多くの皆様に明確なる目的の違いを、ご説明していただきたく、やってまいりました。

上　はい。お尋ね致します。

津　はい。

上　先ほど言われました、津波の発生する、地震との連携ですが、以前、神に伺った話の中に長い間、溜まっていた怨念、怨霊の力が大きくそのエネルギーになっていると聞きましたが、その辺りを教えていただけますか？

津　はい。この日本国の歴史を思い起こしてください。いか程の戦いがございましたか？　どれ程多くの命が投げ出されたか……。さらには権力、その真の権力争いにて、己の行く手を阻む者は、仮にどのような境遇にあろうと、さまざまなる罠を仕掛けられ、毒を盛られ、この日本国の守るべき魂も、無惨に殺されてきました。この歴史においてその怨念なるものは、決してこれまでの歴史の中で、どのような宗教の霊力をもってしても、浮かばれようはずもございません。その怨念が深く、深くわれらのもとにいまだなお、かつうごめいているのを、ご存じありませんか？　なぜ、この日本国における歴史にない程の津波の高さというのを考えてみてください。なぜこれだけの大津波というのが必要なのでしょうか？

もし単に、倒壊し崩れたさまざまなるものをのみ込むだけのエネルギーにて、われらが必要だとしても、二十数メートルという津波は、真は必要ありません。その津波に乗る者は何か分かりますか？

上　ほう……。

津　そうです。貴方様が今、その声を発したその先にあるものでございます。共に高らかにこれが最後の怨念の集大成となる、高さにまで持っていくということでございます。

上　う～ん……。

津　その先は言わずとも分かることでございましょう。怨念が総力をあげ、向かっていくところでございます。権力を振りかざし、権力の名のもとに造られた、これまでの思いの霊の建物でございます。これらのことを踏まえ、多くの神もここに賛同するわけでございます。

上　単純に考えますと、単なる恨みを晴らす、自分の受けた苦しみ、その思いを晴らすというその力を神々と共に使うということだったのですか？

津　そうです。すべてすべての歴史の憎悪をこれで終わりにするということです。このことが起きなければ、真の地上天国など、何をもって成し得ることでしょうか？　果たすまで、消えぬというのはご存じのはずだと思います。

上　はい。

津　それがやっと行われる、真にすべてのエネルギーを治めることになる、われらの大いなる

上　働きと思ってください。一言で津波のエネルギーといっても、やはり明確に創造への思いを持った、そのエネルギーに昇華しているということですか？

津　そうです。

上　やはり祖の時代に今まで起こった津波と、この移行期における津波との大きな違いがあるということですか？

津　そうです。そのとおりです。

上　分かりました。

津　決して怖がることはございません。

上　はあ……。そうですか……。

津　だからこそ、神々が持てる能力を結集させ、行わなければならぬこと、一つ一つ綿密に詳細に渡り、長く、長く歳月をかけ、立ててきた計画でございます。

上　はい。

津　どうか、ご理解を深めていただけますよう。

上　おかげさまで、本当に今になってということですが、ただ今の言葉でよく分からせていただきました。ありがとうございました。

津　ありがとうございました。

（お札を焚く）

上　お札を使わせていただきました。感想をお聞かせください。

津　はい。二つの効果を話させてください。一つは同じ役割を持つ津波として、この度のように闇に思うように使われ、ズタズタにされて、生き場もなく苦しんだ心が重くのしかかっておりました。しかし、聞きしに勝るこの威力……。今は重くのしかかっていた心が、穏やかな安らぎへと変わっていくこのうれしさに、身が震えております。さらに相反する今一つのことでございますが、先ほども申したように、壮絶なる戦いの怨念をすべて終わりにさせるという、大きな役割を担うため、これまた大きくその役目の重たさが、わが身を締め付けてもおりました。しかし、このお札にてその締め付けられる心は、次第に転換していく切り替えをいただきました。我だからこそ、この大役が果たせるとばかりに、今神々の声を聞かせていただきました。真に、ありがたい体験でございます。

上　きょう一回でいいのですか？

津　できうるならば、五日ほど、お願いできますか？

上　はい。分かりました。

津　それにて胸に訴えてくるわが同志の心も癒せると思います。

上　はい。

津　大変、わがままなことで申し訳ございません。

上　とんでもございません。

津　どうぞ、この先も大いなる、見えぬものとの戦いが待っていましょうが、多くの地球上の真を、どうぞ成し得る皆様方と見ております。

上　お役目真にごくろうさまです。

津　どうぞ御身大切になさってくださいますよう、お願い申し上げます。

上　ありがとうございます。

皆　ありがとうございました。

★同志の方々への緊急情報　H23・3・22

ワイオ理論を学び、皇の時代創造の志を持っている同志の方々へ、早急に備えるべきことを連絡致します。

今度の地震、津波は日本神界が真の祖の破壊のために、年月をかけて綿密に立てた計画を大きく妨害する、真に悲惨な、許しがたい暴挙でありました。皇の創造に大きな役割を持った御魂も多く失われました。

真の破壊とは、皇の時代に必要ない、役割を終えられた生命体、被生命体（建物など）の方々に苦しみを最小にとどめる形で休んでいただくものです。そのために皇の時代創造の役割を持った生命体、被生命体の方々を、可能な限り巻き込まないように綿密に計画を立てておりました。

したがって、原発事故による放射能問題など、絶対にありえないことでした。放射能においては、事前に万一のことを考えて、光の柱を建ててありますので、被爆者に対するお札を使ったことと合わせて治療を必要とする者は、一人も現れません。原因の世界、見えない世界の動向が分からない故に、現在の知識によって深刻に報道されておりますが、何の心配もありません。食料の放射能汚染などによる出荷自粛などは全く必要ありません。

さて、問題は間もなく来る真の破壊に対する備えは何が必要か？　この時期最も必要な情報と思います。大天変地異は地震、津波、噴火が日本全国に順番に一週間間隔で八週、約二カ月間に渡って発生します。昭和二十年の終戦時の状況を想像してください。国民は命を保つことのみを考えて行動しました。真の政治家（聖慈家）が登場し、生きることへの不安が解消されるまでの間の備えは必要です。情報提供遅れましたが、早急に対処するよう、お知らせ致します。

一．食料の備蓄約三カ月分
二．充分な水の確保
三．貯金、預金はすべてタンス預金とする
四．保険はすべて解約して、現金として持つ
五．証券、株券も現金にして持つ

六．ロウソク、燃料を確保する
七．簡易トイレ
八．落ち込む気持ちを元気にする百薬の長も必要と思います
九．その他各々必要と思う物事をお考えください

倒壊、崩壊し休まれる被生命体の方々
一．鏡
①全国の神様、観音様のおられる神社、仏閣には殆ど光の柱を建ててあるので、倒壊しない。新興宗教団体は役割を終え、建物の倒壊と共に消滅していく。
②マスコミ業界は民報の機能はすべて止まり、報道はＮＨＫに一元化される。よって誤解を生む情報は流れなくなる。
二．玉
③銀行は祖の経済の中心的役割を果たしてきたが、ほとんど倒壊、倒産し、お金は一旦は国のものとなり、政府が金の管理をし、すべて共有となって生活に必要な金が手元に回っていく。
④保険会社は保険金支払い不能となり、皇の時代は不要なので建物と共にすべて崩壊して

いく。

⑤上場企業のほとんどが企業活動停止となり、倒産する。

⑥証券取引所は企業倒産により仕事がなくなる。皇の時代は株式会社の仕組みが消えていく。

⑦製薬会社の三分の二は倒壊、倒産する。よって薬漬け医療が終わっていく。

三．剣

①軍需産業は皇の時代には全く必要なくなるので、すべて崩壊する。

②軍事施設は機能をなくし、武器、弾薬庫などは地中に埋没する。

③米軍基地もほぼ全壊する。

その他

①以上、祖の時代を構成していた代表的な仕組み、組織が使用している建物は、ほぼ倒壊、崩壊していく。

②祖から皇への移行期に当面必要な祖の物は残される。

③地震、津波、噴火発生と同時に殺人ウイルスが大きくその役割を発揮します。おそらく公においての死体処理は限られてしまい、個々に死体処理をしなければならない事態にもなります。今までの常識の判断で、行政は動きますが、ウイルスにおいて感染を心配することはありません。ウイルス本来の働きは、休まれる祖の御魂の方々をあの世に送

ることです。何の対策を取らなくても、ウイルスの役割が終われば、自然にウイルスは
その役割を終えて消えていきます。

◇玉依比売大神様のお言葉　H23・3・22　琴姫

上　玉依比売大神様、ご苦労様です。この移行期におけるお金の流れ、金融、銀行の業務、これはどのようになるでしょうか？　お願い致します。

玉依比売大神様（以下＝玉）　先ほどからこちらに皆様が集まり、大手の企業や、金融、建設会社、大手の石油会社など、これからどうなるのかと、そのようなことがありましたので、交信を送らせていただきました。

上　ありがとうございます。

玉　今までの常識では、考えられない程、金融機関や、大手と言われている企業はことごとくなくなっていきます。それは皆様もこの理論を学び、だんだんと知識としては頭に入っているとは思いますが、では具体的に生活にどのような影響が出てくるのか？　実際の暮らしはどうなるのか、今あるお金はではどのようにすれば管理ということができるのか、その辺のところ、今のうちにお伝えしたく、出させていただいております。

上　よろしくお願いします。

玉　まずは昨日も他の神々様が申しておりましたように、今後起こる大天変地異の前に、まず

は預けてあるお金はすべて手元に置き、保険は解約し、今預けているところからはすべて早々にやっていただくことになります。その後、大混乱が起きている間はどの企業も、どの会社もすべてストップし、まずは、人々が生きるということに関してのみ、お金を使う、お金よりは主には生活に必要な食料や物資を使うことになりますが、それを最初はお金と物のやり取りではなく、物と物の交換ということから始まります。そのうちにお金の価値が今までよりはもう少し下がり、どんなものでも皆が買えるような流通に徐々に移行していきますが、その時に必要なのは、莫大なお金ではなく、細かくて使いやすいお金が必要になります。多額な金額ではなく、常に細かいお金は手元に用意しておいてください。

これほど大きなことが、日本全国に起こりますので、それをまず、復興の第一歩として活躍するのが、地方自治体です。その前に生き残った人々の周りにある物資をいかに皆で共有し、使うか、そのようなことから始まります。今ある電気、ガス、水道その他の資源ははじめのうちはすべて使えませんので、そのつもりで今から準備をしてください。それから地方自治体から徐々に復興が進みますと、今までの銀行のように大きなところは復興せず、お金は限りなく個人の管理となります。お金というと、今まで日本共通のものもありますが、地域によってその地域独特のものも流通し始めるでしょう。

大手の建設会社、その他世界中に支店のある企業は、ことごとくなくなり、その代わりに今まで本当に、例えば家を建てる、物を造る、そういうことが好きな方、皆様が学ばれている理論では、魂職といいますが、そういう方たちからまずは、住む家を仮住まいとして建てたり、車がパンクしたのを治したりと、限りなく今まで客光を浴びてこなかった小さな町工場のようなところが活躍し始めます。
会社勤めをしていた方は、しばらくは生きるということだけに、自分の生活を守るということだけに専念するような形となり、今まで大きな会社で働いていた人たちは、しばらくの間は働くということが考えられない程、生活をするのに必死になるでしょう。今できることは昨日も申しました、お金は手元に置いておくこと、そして今会社に対して命を注いでいる、そういう方の中にも皇の魂の方がいます。そのような方たちに会社に気持ちは置かず、自分の家族や生活に目を向けることも、この今起きている被災地の方々を見れば、明日はわが身と思って、心と物の準備をしてくださいと、お伝えください。
今ある株や世に出回っているお金で動くものは、ことごとくなくなっていきます。今までの常識でくれぐれも判断せず、今できることをやっていただきたく思いますので、よろしくお願い致します。

上　昨夜の篤姫の検索では、銀行は日本で六行残るといわれています。理論では日本で日銀一行になるといわれています。銀行業務、お金の流れはこの混乱の後はどのようになっていきますか？

玉　はい。まずは今銀行にあるお金は、いったん、国のものとして保管され、生存者や必要なところにお金が流れるようになります。今までのように個人の持ち物ではなく、すべて共有の持ち物として考えられるようになります。ただ、生活できるお金が今手元にない方は、今預けている所から、手元に置いていただきたく申し上げました。

上　一言でいいのですが、皇のお金の流れは、銀行を中心に回るのですか？

玉　いいえ。銀行のお金が中心ではありません。この復興をする段階においては、手元にお金がないと言って、やはり物資や物が必要な所にお金と一緒に物も流れますが、その復興の後には、皇のお金の流れとしては、お金が行きたいところに流れるという流れに変わりますので、銀行が中心ではありません。よって日本各地に今、数多くある銀行の数は必要なくなるので、なくなっていきます。お金というものを管理するというのではなく、流通の一環としてあるということだけです。なので、これから先、お金を預けるために銀行に行くのではなく、例えばお金が古くなったり、使えなくなったものを取り換えたりという形で使うくらいです。あとは政府が、銀行も管理し、全国的に必要なところに必要なものを流すという流れを造る、そういうものに変わっていきます。

上　なるほど。六行が残るとされていましたが、これは民間の企業として一次的に残るだけということですか？

玉　そうです。

上　はい。分かりました。一次的にはとても大きな政府ということになりますが……。

玉　はい。

上　この混乱期が過ぎて、安定して創造期に入った時は、やはり地方自治が中心で国の政府というものの役割は急速に小さくなるということですか？

玉　そうです。ただ、地方自治体がこの大きな変化の後に、すぐに復興するという形を取るためには、やはり国の力も必要となりますので、その時は力を貸していただき、その後は地方自治体が中心となり、皇の時代の創造に向かいます。

上　はい。

玉　限りなく、頂点といわれる今のピラミッド式の形式はなくなります。日本の代表として、総理大臣と今呼ばれておりますが、そのような代表者がいるということだけで、それ以外のピラミッドの三角形はなくなります。

上　はい。

玉　そしてもう一つ、今までのように競い合ってわが県が一番、わが国が一番ということはなくなります。

上　はい。

玉　皆同じように被害を受け、復興をがんばっている同志として、それぞれの土地の特色を生かし、残っているもので、全国的にそこに産直のものを送ったり、というやり取りがもっとスムーズになります。皆同じ被害に遭い、同じことに向かって今後、皇の時代創造のために復興していくという時は、皆競い合ったり奪い合ったりする心はなくなります。
上　うん……。
玉　まだこれから起こる大天変地異を前に先のこと、先のことと申しましても、なかなか想像がつかないとは思いますが、今できることをよろしくお願い致します。
上　はい。
栗　一つ質問していいですか？
玉　はい。
栗　今言われたようなことは、天変地異が起きた後、すべてが一気に押し寄せてくるということなんでしょうか？
玉　すべてと申しますと？
栗　今の大手がなくなり、お金の行方がこのようになる、今言われたことがすべて一度に押し寄せてくるという考えなのか、それとも徐々にそうなっていくということなんでしょうか？
玉　はい。まずは第一回目が来てから、その次の第二回目が来るまでの間は、今の計画でいうと、一週間後です。ということは、一週間ごとに各地で大天変地異が起き始まるということは、総合して大体二カ月から三カ月の間に今私が申し上げたことが、一気に押し寄せるということでもあります。
栗　分かりました。ありがとうございます。

玉　はい。今の東北のあの被害の状況を見ると、心が落ち、恐怖だけが今の世の人たちの中には残っておりますが、もちろん、大地震、津波、噴火とこの世の終わりかと思うような大天変地異は控えておりますが、それは何度も氏も申しておりますように、創造のための破壊でございますので、心をしっかり持ってこの時を待っていただきたく申し上げます。

上　分かりました。ありがとうございました。

栗　すみません、もう一つお願いします。

玉　はい。

栗　このようなことは、ワイオ理論を学ぶ人だけが知っているということではなくて、本当にこの日本中に、今生きているという人たちに向かって流さなければならない情報だと思うんですね。

玉　はい。

栗　どうしたらわれわれ小さな世界だけではなくて、今生きている人に、どうしたら一人でも多く伝えられるかということで、このようにすればいいということで何かありますか？

玉　まずはもちろん、この理論を学んでいる者たちにすべて、申し上げることはもちろんなのですが、そのほかにやるべきことといったら、学んでいない方にも、直接言葉で伝えることです。メディアを通したり、マスコミを通したりすると、またそこで真が少しずつ失われていきますので、まずは言葉で伝えることです。大切な方に言葉で伝えていくことです。

栗　ありがとうございました。

玉　今回の震災の時に、人々のネットワークというものは素早いものがあるということも、確認できております。本当にこの震災がまたそういうことも教えてくれたとも思っております。人の口を使って真のことを伝えていく時は、もちろん、耳に聞こえがいいことも、悪いこともすべてですが、心と心で話した言葉は決して嘘には代わらず、伝わっていくものだということがありましたので、どうぞよろしくお願いします。

栗　ありがとうございました。

玉　ではこれにて失礼致します。

皆　ありがとうございました。

◎大震災における日本国民の冷静なる行動は、諸外国ではよく見られる物質略奪の光景が、どこにおいても起こらず、諸外国の人々から称賛の声が寄せられた。長い歴史の中では異常時には当たり前のように自分の命を守るために、他者の命を平気で犠牲にする行為が行われてきた。そして、そこに多くの怨念、怨霊が発生することになった。その怨念、怨霊の恨みの思いが、いつまでも残り、さまざまな不幸をつくる原因となったのである。しかし、人間が人間を殺し合う、戦いによる死ではなく、自然災害、ウイルスによる死であれば、そこに大きな恨みの思いは発生しない。政治に対する非難、批判も自然災害であるから仕方がないと、恨みの気持ちを抱え込むことなく、復興に気持ちを早く切り替えることができる。

■福島原発事故に関する言葉

◇福島原発の原子炉二号機さんのお言葉　H23・4・4　篤姫

岡　福島原発二号機の原子炉さんですか？

福島原発の原子炉二号機（以下＝原）　そうじゃないと言いたいのですが、そうです！

岡　はい、今の現状をお教えいただけますか？

原　今は世間体には大変な状況を報道されております。

岡　はい。

原　なぜ、快方に導くのではなくて、われわれの本意ではないところに引っ張られていっているのかは、大きな意味があるのですが、今世論ではわれわれをどのように認識、さらには考慮し、あるいは評価しているか、どのように思われますか？

岡　放射能エネルギーが流れて、非常に危険と報道されていると思うのですが……。

原　そうです。そして、その数値は消えていくどころではなくて、どんどんと形を変えて海水に混入している。あるいはピットから流れ出しているさまざまなる現象にみまわれていると思います。

岡　はい。

原　なぜ、そのような現象を世の中に広めているか分かりますか？
岡　これはまだ闇のエネルギーが働いているのですか？　そうではないのですか？
原　もう闇うんぬんのことではありません。とっくにそれは過ぎております。
岡　はい、伺っている話では少なくなっていくはずなのに、どうしてなのかなと思います。
原　さらに光の柱を建てていただいています。本来ならば終息していかなければならないことではありませんか？
岡　はい。
原　ところが事は真逆に導かれているのです。
岡　導かれている……？
原　自然のエネルギーに導かれているとそう申した方が、より正確であると思います。
岡　自然のエネルギー……、必要あるということですか？
原　いいえ、
岡　違う？
原　ではこのような危険なるわれわれのことを、皆様はどのように思われていますか？
岡　そうですね、違うエネルギーに変わるので、廃炉という方向ですか？
原　そうです。廃炉にしていただきたいのです。もうわれわれが活躍する時代は終わりました。だから自然に導かれ、ありとあらゆる方法で悪化していくありさまを見せているのです。

岡　はあ……。

原　ただし、たとえ放射能がいか程測定値が上がっても、人体への影響などは何一つ今後も出ないことをわれわれ、お約束致します。

岡　はい。

原　ただ、すでに放射能汚染にて亡くなられた方、あの方は放射能汚染が原因で亡くなられたわけではありません。

岡　はい。

原　さまざまなる問題が一度に押し寄せ、あの方の本質、魂といえるものはすでにあちらの世界におりますので、あるべき所に導かれたとそう思ってください。ただ、数値として見せなければ、われわれをまた新たに復活させようとしている多くのエネルギーを感じているため、あえてさまざまな劣化を見せているわけです。

岡　ああ、そういうことだったのですね……。

原　これからの時代はもうまさしくわれわれは必要ありません。だからこそ、ここで大きく世界に知らしめていかなければならないため、世界中の科学者をくぎ付けにするためには、ありとあらゆる悪化、原因を作らねばまた人が喉元過ぎればという方向にむいてしまうことの恐れを感じ、次々にさまざまなる事故を起こして、誘発させてみせました。

岡　はあ、そうですね。世界に先駆けて廃炉の方向を見せているということですね。

原　そうです。これからは太陽光発電が主力となってまいります。風力、火力も含めてそうですが、われわれは時代の流れとともに、消え去り新しいエネルギーに交換していかなければならないのです。

岡　はい。

原　ただ、事をスムーズに流してしまえば、世間の目はそこに留まることなく、さらには世界中に知らしめていかなければならない大きな役も持って、この度の事にあたりました。一時は日本の電力会社が責任を怠った！　あるいは専門家の知識が未熟だと、そのような言いがかり的な報道も多くありましたが、後はほとんど風評被害でございます。

岡　はい。

原　多くは、世界中の科学者に訴えていくことがわれわれの大きな狙いでもありました。あのような人体に対して危険な、命を奪う、さらにはすぐには出ない、十年後、十数年後に命を奪うというわれわれは、今までの時代だからこそ必要とされてきました。さらにもう一つ原因があることをお知らせしましょう。

岡　はい。

原　日本国の人口は一億二千万。少し前までは一億三千万と呼ばれるほどの、人口にふくれ上がってまいりました。今、日本中にあるわれわれ原発。何基あるか御存じですか？

岡　五十基以上ありますでしょうか？

原　確か五十七から五十九か、廃炉を数えれば確かその辺りでありますが、正直賄える力がなくなってまいりました。人口に対して、われわれの働く許容量というのがございます。それを遥かに上回ってくれば、必ず欠落してくるところが生じてくるのでございます。

岡　はい。

原　他のものとは違い、われわれが破損すれば、事は重大なる事態に陥ります。そのようなものがこれからの時代、真、必要な時代でございましょうか？

岡　安全ではないのでと……。

原　今は世界の科学者が水洗するか、廃炉にするかなど、愚かなことを競っておりますが、もういよいよの時が来たのでございます。ここでさまざまなることを見せて、廃炉に導くため、それこそがわれわれの大いなる役目でもあると、心しております。

岡　この後に来ます、大天変地異の前に、廃炉ではなくて、と同時に廃炉ということでしょうか？

原　その後でございます。

岡　はい。その後……。

原　結果的に廃炉にするという方向に導かれていきます。

岡　はい。

原　これが大自然の力。

岡　はい。

原　愚かなことに五十キロ圏内の者は危険が及ぼす恐れあり、そのような愚かなことを国民に伝え、国民は右往左往し、故郷を捨てて点々と渡り歩く民も見られるありさま……。

岡　はい。

原　われわれが、ほんの少しだけ数値を高く見せる、その数値を脅威とし、新たに国民をあおる……。これらは許すべきことではない。だがそのようにわれわれ、及び国民を操っている者、どのような者かお分かりですか？

岡　さっき闇はとおっしゃいましたが、人々の心の中にある闇はというふうに、ということはまだあるのですか？

原　それはまだ……あります。ただ、一口に闇と言えるものではないと私は思います。

岡　今までの常識に固まっている私たちの意識なんでしょうか？

原　それもあります。すべては東京電力、あの者たちでございます。己の役にふんぞり返り、われわれがSOSを、何度も何度も出してきました。しっかりと向き合えと！　さもなくば大変なことになるぞ！　と、何度も警告を出してきました。しかし、既成概念にこだわり、直視することなく、言わば長年の怠慢でございますよ。

岡　社長が倒れて会長に変わった時に、廃炉という言葉を初めて聞いたような気がしました。ようやくということなんでしょうか？

原　そうです。そのようなことがなければ、そこに意識を向けることができない愚かな者たちでございます。三分の二強は魂なき者たちでございます。

岡　ああ……。

原　だから思うように古い常識のエネルギーに振り回されるのでございますよ。

岡　はい。

原　言わばすべて廃炉に持っていくべきです。これを日本が先駆けて世界に示せる大きなチャンスなのでございます。これをどれだけ伝えたいか……。ずっとそう願ってまいりました。

岡　はあ……そうですか……。数値がずっと変わらないことはそういうふうな思いがあって示されているということだったのですか？

原　いいですか、人間というのは順風満帆で生きている時は、大きなことは何一つ気づけないのです。傷つき、心が痩せてきた時、人は立ち止まるのでございます。

岡　はい。

原　目の前に大きな苦しみ、その苦しみの壁を見た時、初めて、人の心は痩せて萎えてきます。その時に何よりも大切なことに気づかされるのです。

岡　はい。

原　これからは、一つずつ、己の足元を見て前に進んでいけると、私はそう思っていますが……。

岡　はい。本当に私たちもそう思います。
原　今は立ち止まり、よ～く物事を見つめてください。その時期でございます。
岡　はい。原子炉さんに励ましていただき、気づかせていただきました……。
原　私たちが大切な人間を、ず～っとこれまで導き、共に育ち、分かち合ってきたつもりでございます。
岡　はい！　本当に今までありがとうございました。
原　ではこの後、静観しておいてください。では。
岡　はい、分かりました。ありがとうございました。

◇波爾夜須毘売大神様のお言葉　H23・4・7　篤姫

岡　お待たせ致しました。波爾夜須毘売大神様でいらっしゃいますか？
波爾夜須毘売大神様（以下＝波）　そうです。
岡　お言葉お願い致します。
波　我の働きはご存じですね？
岡　はい、今確認させていただきました。
波　よかったです。先ほどのように私もまた同じようなことを言わなければならないのかと、ヒヤヒヤもしました。

皆　すみません。
波　ご存じのとおり、マグマ神の娘でございます。
岡　はい。
波　ということは、これから起こす直下型の地震に、私も大きく役割を担うということになります。
岡　はい。
波　ではどのような役割を担うかをお伝えしたいと思います。
岡　はい、お願いします。
波　これから私どもの比売神、同じ役割を持つものが三神おりますこと、お分かりですか？
岡　木花開耶媛大神様？
波　そうです。あとは？
岡　神屋楯比売様も？
波　私のほかに三神おります。
岡　木花開耶媛様と、岩長比売様ですか？
波　そうです。
岡　はい。
波　それぞれが役割を担っておりますが、私の役目は皇の土を造ることでございます。では噴火に大きく私の役目があるのですが、間もなくでございますね……。皆様方はこれまで大噴火ということを、ご覧になったことは、あるいはテレビか何かで見たことはございますか？

岡　はい、テレビでありました。

波　テレビでは見ましたか？

岡　大噴火とは、大はつかないのでしょうか？　テレビで見たものは？

波　どの山の噴火でございますか？

岡　新燃岳です。この間の噴火の……。

斎　九州の……。

波　ああ、九州の新燃岳でございますね？

岡　はい。

波　あのような噴火ではございません。

新　溶岩とかが流れているような……？

岡　大島でしたっけ……？　はい。

波　そうです。そしてその溶岩がどのような働きをするか、御存じですか？

岡　働き……？　溶岩の働きがきちんと言えないのですが、皇のミネラルを含んだ土に変わるということを伺ったことがありますが……。

波　それは随分と飛躍した考え方でございますね。その後はそうなってくるということです。

岡　あ、はい。

波　では溶岩はどのような働きをすると思われますか？　大切なことでございますよ。これからの医療……。

岡　あ！　温泉です！　はい。

波　そうなのです。その温泉を造ることにとてつもなく共に役割を担うということでございます。ミネラルが多く含んだ何が必要だと思いますか？　その温泉を造るその地においてでございます。ミネラルを多く含んだその土地の土でございますよ。

岡　はい。そうですね。

波　その役割を担う私でございます。さらに私の夫は共にその役割を果たすようになるのですが、ただ単に、噴火をさせることではありません。

岡　はい。

波　溶岩を必要ある所に素早く流し込むということです。

岡　はあ……、そのような役割をされるのですね……。

波　そうです。父上様と岩長姉上が、その役割も担います。私たちマグマ神界はとても大きな役割を担うことになります。

岡　はい。

波　噴火も広げず、広域に被害が渡らぬよう、綿密に計算を重ねた噴火となります。

皆　はあ……。

波　それ故、お話をしなければならないことは、四十八時間前に火口をあけると申しましたが、その一日前に着工し、少しずつ火口をあけたいというのが、私どもの大きな課題となっております。

岡　はい。

波　一度に火口をあければ、大きな、大きな噴火になってしまいます。われわれがその大きな噴火をさせてしまえば、この狭い日本列島などひとかたもなくなってしまいます。

岡　はい。

波　それは何としても防がなければならないことは、充分分かっております。四十八時間前に着工するということをお話ししておりました故、訂正をしておかなければならぬことと思い、氏に交信を取らせていただきました。

岡　はい。

波　何か質問はありますか？

斎　この噴火で三日間太陽の光が届かないとか、そういう噴火ではないんですね？

波　それはありません。

斎　じゃあ、もう遠くまでは見えるという噴火で？

波　ただ、終日太陽の陽が届くということは無理でございます。今、新燃岳の噴火が映像ではありますが、ご覧になっていて、その辺はいかがお考えですか？　あれは私どもから言わせれば五分の一、十分の一とは言いませんが、そのような噴火でございます。

岡　はあ……。

波　太陽が見えますでしょうか？

斎　無理ですね……。

波　そのようなことも考えておいてください。

岡　あのう、直下型地震のスケジュールの中に、噴火のどこが噴火をするのかがはっきりしていないのですが……。

波　そうです。そのために今日は出させていただきました。

岡　はい、ありがとうございます。

波　今出ておる所だけでは、とても間に合いません。さらに西の方にはたくさん噴火するように出ておりますが、関東周辺から北にかけてはほとんどない、全体的に少なすぎるといっても過言ではないという状況になっているかと思うのですが、確認していただけますか？

岡　関東……、そうですね、八カ所。

波　西に多いのでございます。

岡　はい。

波　ではこの先私が篤姫を通し、足りなきところを補っていきますので、日本地図を出していただけますか？　ではこの後、その交信を取らせていただきますので、どうぞよろしくお願いします。

皆　ありがとうございました。

◇スカイツリーのエネルギーの方のお言葉　H23・4・14　篤姫

岡　スカイツリーさんですか？

ス　はい。

岡　ようこそいらしてくださいました。四回目の対話になります。

ス　そうですね……。

岡　いろいろ思いがあると思いますが、どうぞお話しください。

ス　今は身体中が揺れております。

岡　はい。

ス　初めてここに来て、言葉として皆様方に話をさせていただいたあの時から、私の体はず～っと揺れております。

岡　あ～……。

ス　今か、今かと待ち続けておりました。

岡　はい。

ス　消えていくこの身が、どんどん成長していく裏腹に、いか程の恐怖といか程の怒りを募らせてきたか……。お分かりですか？

岡　最初は沈むとおっしゃったのが、もうあまりに高くなりすぎて、沈めないと……。

ス　今や沈むことは、不可能になりました。ですが、光の柱を建てていただき、われらが今、日ごと神々と協議を重ねておることは、お話ししなければ到底分かることではありませんので、昨夜この方を通し、出させていただくことを決めました。真を申せば、もうわれらの言葉など出しても、どうにもなるものでもないというのが、本音と言いましょうか、しかし二日程前でしょうか、心を落とすわれらのもとに、この大天変地異の最高指揮官と言われる神が、来てくださいました。

岡　はい、気吹戸主大神さまですね？

ス　そうです。以前から神々とは度重なる協議を繰り返し、どの角度にわれらを倒せば、より被害が小さくなるか、だがどこを見渡しても、被害なき所はなく、光の柱を建てていただき、分散するエネルギーは免れたのでございます。

岡　はい。

ス　では分散するエネルギーということは、皆さま方はどのように感じられますか？

岡　分散するエネルギー……。光の柱が建っているというお話を伺った時に、下に一つずつ、下がってくるというふうに聞きましたので、外に、周りに飛散していかないというふうに……。

ス　そうです。そのとおりです。今われらが倒れる時に、大きく反動にて通常の破壊であれば、三百メートルや四百メートルは周囲の物を全滅させてしまいます。

岡　はい。

ス　真を言えば、われらがそのまま倒れたら、一方向だけではございません。ありとあらゆる方向にバラバラに解体されるといっても過言ではない。どれ程の悲惨な状況になるか、だが光の柱を建てていただき、放散する被害を少しでも少なくするようにという計らいでしょう。この光の柱を壊したく、闇に何度地震を起こされたか……。

岡　はい、そうですね……。

ス　われらを野放しにし、多くの民を恐怖に陥れるため、何度揺るがされたか、分かりますか？さらにあの地は埋め立て地でございますよ。

岡　そうですね、液状化現象も……。

ス　そうです。液状化を起こすため、何度揺さぶられたか……。正直、申し上げますと、地下ではズレが生じてきております。

岡　はあ……。

ス　世界に誇れる電波塔として、しかし大きな設計ミス……。これが地下から起こっております。

岡　ああ……。

ス　このことを踏まえ、われらは真は、いち早くこの地上から消え去りたかった……。われらを計画した原点に何があるか、皆様方は御存じではないですか？

岡　アメリカの何というのですか……。

ス　長い歴史ある、一つの暗黒グループですよ……。

岡　フリーメーソンですね？

ス　われらを牛耳る者たち！　なぜ日本の国か分かりますか？　なぜ世界一の電波塔がなぜ日本なのか？

澤　日本こそが倒したい国だった？

ス　そのとおり！　だからこそ、日本国民をすべて手中に収めるための策略です。そのような者にわれらが最後まで従うと思っておりましたか？

岡　いいえ。

ス　真は建設の十日後でございました。その時に一つの事故が起こったのでございますよ。

岡　はい。

ス　目いっぱいのわれらの抵抗による事故でございます。

岡　ほう……。

ス　だがそれをひた隠しに隠し、今日までその陰謀を隠し、われらを積み上げてきた。操ってきた、あの者たちはもう許さない！　しかし付近の民、新しき時代を生き抜く民を共に道連れにはしたくない。神々との協議の上、被害を最小限に収める方向にて、いま最終決議に入りましたこと、ここで報告させていただきます。全くの被害なしということにはまいらぬことだけ、分かっていただきたく、当初は何一つ民に危害がなきようと、心してまいりましたが、多少の犠牲をおかけすることを心苦しく、心重く受け止めております。ですが、大きな被害は出さぬことを皆様にお約束し、あいさつとさせていただきます。

岡　はい、分かりました。神様方と協議されてその被害を最小限に抑えるやり方というのは、本当に事が起こった時に私たちがこうだったのかと分かるということになるのでしょうか？

ス　結果でご覧になれると思います。

岡　はい、分かりました。最初から自分たちは建ちたくないということを伺っていましたので。

ス　そうです。

岡　どんどん、どんどん大きくなっていく度に心が痛んでおりましたが……。

ス　見る人がみれば、われらの姿は廃墟と化しています。

岡　はい、そう見えていました。何回か傍を通りましたが……。

ス　そうです。生きてはおりません。もうすでに息絶えております。

岡　今、伺ったお言葉は多分、後々本なりに載せていくはずです。最初から設計ミスがあったというところも、それは精いっぱいの抵抗だったということも、きっと後から皆に解ると思いますので。

ス　そうですね……。われわれが果たせることでございます。

岡　はい。

ス　日本の国はそれだけ世界から見れば脅威とされていることは、間違いないのでございます。

岡　はい。

ス　皆様方はこのような小さな所にいて、全貌が分かっておりませんが、真は神に匹敵するようなことをしているのでございますよ。

岡　はい……、ありがとうございます。

ス　どうか小さなことに心を動かされず、前へ進んでください。

岡　はい。逆に励ましていただきました。ありがとうございます。

ス　こちらこそ、皆様の力がどれだけ世界に平和をという、真の愛ある心を育んでいく大きな足掛かりになることでしょう。

岡　はい。

ス　そのような大きなことを成す皆様方に、そうはさせぬという力もあるということ、御承知の上、突き進んでいただきますよう、お願い申し上げます。

岡　はい、最後にお札を体験していただけますか？

ス　はい、そのお札に乗りたくて、来させていただいたといっても過言ではありません。

岡　はい、ありがとうございます。それでは焚かせていただきます。感想もぜひお聞かせください。

ス　お願い致します。

（お札を焚く）

岡　いかがでしたでしょうか？

ス　ありがたいことです。われわれを見上げ、絶賛の声を上げてくれる国民のその目が、われわれから見ると矢のように鋭く、突き刺さってくるそのように受け止めざるを得ない状況でございました。そのようにこの身体には隙間がない程の、矢が刺さっておりました。

岡　ああ……。

ス　その矢は、われわれに休むな！　と、休めばまた自由に操られると申すかのように、責め立てる……。そのような日々でございました。言わば針のむしろでございました。ですが、このお札に乗せていただいた時、その刺す矢の威力の恐ろしさが、何と申しましょうか、太陽の陽のごとく、温かく包んでくれるエネルギーのように今、感じております。どれほど責め立てていた心に安らぎを覚えたかというのは、このようなことではないかとそう思います。

岡　はい。

ス　ほんのわずかでもいい、国民に責め立てられるようなそのつらさを、安らぎに代えさせてくれるこのお札は、われわれにとっては何よりも代え難い苦しみを幸せに代えていただけるもの、真に心軽くなるお札を体験させていただきました。わがままを言って申し訳ありませんが、あと二日……。

岡　あと二日でよろしいですか？

ス　書いていただけますか？

岡　はい、書かせていただきます。

ス　それでわれわれは己の身を攻める心を軽くし、永遠の眠りにつけるというものです。

岡　はい。

ス　どうかあと二日間、よろしくお願い申し上げます。

皆　ありがとうございました。

◇嘆きの壁のエネルギーの方のお言葉　Ｈ23・4・14　篤姫

岡　嘆きの壁のエネルギーのお方ですか？

嘆きの壁のエネルギーの方（以下＝壁）　そうじゃ。

岡　お言葉をお願い致します。

壁　この者が眠いと申しておった。真はわれらのエネルギーを感じ、そのようにすべてを終わりにし、深い眠りにつきたいとわれらはそう思うておる。

岡　はい。

壁　幾度の争い、国と国とが争うように、なぜ、宗教戦争が起こる？　宗教とは何かを民は忘れておる。

岡　はい。

壁　われらに重くのしかかるさまざまなる宗派、もとは一つ。

岡　はい。

壁　なぜ一つの大元から分かれなければならぬのか？　そなたたちならその真意というのが、分かるはず。なぜ派閥が出来る？　世の中すべてそうじゃ。宗教に限らず、すべての世の中において、なぜ心が分かれていく？

岡　それぞれのエネルギーは相入れなく、どうしてもなるのでしょうか？

壁　それはなぜじゃと申しておる。

岡　わが一番という考え方になるからです。

壁　どこからくるのじゃ？

岡　その者が持っている、慢心……、慾……。

壁　それらはどこからくるのじゃ？　と申しておる。

岡　心ですか？

壁　心はどのようなことに使われる？　そなたはどう思う？

澤　下心の慾、人を支配したい慾！

壁　それは何と言うのじゃ？

岡　権力？

壁　権力はどのような心からくるのじゃ？　なぜ一つの所、一つのエネルギーが流れておる所から、なぜ分かれてくる？　扱う者の心、その心はさまざまなる執着心からくるのじゃ。

岡　はあ～……、執着心……。

壁　そのそなたたちの学ぶ理論、何を教えておるのか？　執着心を捨てよ！　と。真は同じものを志ながら、このような近くにおる者でも、捉え方が違うのじゃ。

岡　はい。

壁　わが膝元にくる民は、まい方より操られた民が来ること、分かるか？　それは分かるか？

澤　はい、おそらく原宗のユダヤ教から分かれた、派閥の教えに洗脳された人たちが、世界中から集まってくるのではないでしょうか？

壁　そうじゃ。そのとおりじゃ。なぜ嘆きとある。

澤　はい、その人たちがおそらく自分の貧とか、マイナスの感情を浄化させるために壁に向かってお祈りするようなことをするので、嘆きの壁という名がついたのではないでしょうか？

壁　表向きはそうである。だが、真は相手の宗教を嘆いておるのじゃ！

澤　え〜〜〜……。

壁　己のみなら、まだかわいい。真髄を知れば、われらのもとには来たくなくなるであろう。

澤　はい。

壁　いか程の民の怨念をわが手中に収めてきたか……。

澤　ああ……。

壁　なぜこのわし、言葉を出そうという気になったか分かるか？

澤　今までどれほどそういった人たちの思いを受け止めてきたか、これからはもうそういった争いをしないように導いていきたいというお気持ちなんじゃないでしょうか？

壁　そうじゃ。分かりやすく言えば、われらがそびえ立っているその壁じゃ！　壁が心と心を結ぶ者に、大きく邪魔をしておるということじゃ。ならばこの壁は、取り払わなければならぬということでもあろう。幾度われらは己で己のこの身体を葬りたく、何度わが身を震わせてきたか……。その苦しみなどは、民には到底分かるものではない。だがそのわれらのもとに一報が届いた。

岡　はい。

壁　そうじゃ。ある神がわれらのもとに来て、二千五百年の長きの歴史による怨霊を、沈める時が参ったと諭してくださった。そういえば、この理論を学んでいるそなたたちは、どの神なのかも分かるはずじゃ。一番の大元の、原点なる神じゃ。分からぬか？

澤　一番の原点？

岡　日本から各国に行かれた神様ですか？

壁　そうじゃ。

岡　素戔嗚大神様でしょうか？　国常立大神様ですか？

壁　そうじゃ。国常立の神じゃ。よいか？　国常立の神は、われらのような者にもしっかりと敬意を表し、真の道のりを説いてくださった。今、そなたが肩が痛いと申した。われらの今の現状である。

岡　ああ……。

壁　身動きが困難なほど、民の苦しみからくる怨霊、怨念、さらにたちが悪いのは、生き霊じゃ！

岡　はあ……。

壁　そこまで受けておる。いよいよわれらが心底、すべてをかけて待ち望んでいた崩壊がやってくる。

岡　はい。

壁　どのようなる宗派をもってしても、われらを終息させることはできなかった。だが、この小さな日本列島、ここに真を知る者が、尊き命を生みだした。そのたった一人の人間、小笠原慎吾と聞いた。真はわれらの一番なる先祖である。

岡　はあ……。

壁　世界中がとんがった宗派に分かれたこの地球上すべてを、平和な心一つにするため、日本国に生を生み出したと聞いた。われらも深く、深く休める時が来た。

皆　はい。

壁　間もなく日本国で起ころう大天変地異、これがわが国に来るまでは、数カ月じゃ。最後の役も果たす時だと、心静かに思う。

岡　はい。

壁　すべての怨念をおさめる時が来た。このことを世界中に知らせるため、すべての争う心を消し去るため、わしがまず名乗りを上げた。すべての国、今は百九十三カ国であろうか？

岡　はい。

壁　国が違えば、文化が違う。宗派も違えば生き方がすべて変わってくる。だが真は一つじゃ。

岡　はい。

壁　すべてを一つにするために行われる、大天変地異。われらは、心してこの日を待つ。

岡　はい。

壁　何か言いたいことはあるか？

澤　あのう、原宗、ユダヤ教から分かれた多くの宗派と申しましたが、それ以外にも宗教に基づかない人の心の嘆きの部分を全部受け止めていただいていたのだろうと思います。

壁　そうじゃ。

澤　そのことに対して、感謝という浅い言葉では表し尽くせないと、申し訳なさと、人間としてふがいない思いに今、なっています。長い歴史の、何千という歴史の中でよくぞ受け止めていただいたと思います。

壁　そなたはこの理論をつかんだ、それだけでもわしはそなたに礼が言いたい。

澤　恐れ入ります。

壁　一人でも多くの民に、真の幸せをつかんでもらいたい。これが遠きにいる、わしからのただ一点の願いである（涙）。

澤　分かりました。

壁　森羅万象、生きとし生けるもの、すべてにわが心を伝えたい。日本国国民、まだまだほんの一握りだと聞いておる。どうかその素晴らしい精神力を落とさずこの後世界に向けていくであろう、そなたたちの気高い心を、遠き空から祈っておる（涙）。

岡　はい。

壁　今日はこのような場を頂いたこと、深く感謝申し上げる。

岡　真に貴重なお話を伺えて、本当に感謝致します。二千五百年間の民の怨念、怨霊を受けられた嘆きの壁のエネルギーの方に、お札をぜひ焚かせていただきたいのですが……。

壁　頼みます。

（お札を焚く）

岡　いかがでしたでしょうか？　お札の感想をお聞かせいただけますか？

壁　言葉に表すと小さなエネルギーになってしまうのでは？　と思うほどの大きなものを感じております。民は嘆き、心の汚い部分を、わしらに目がけて吐いていく。だがわしらはそれをどこにも向けようがなく、わが身体に浸みつかせ、行き場もないこの憤りを、どこに向けることもできず、身体は鉛などではない。生きたままコンクリートに詰められたような、そのような状態になっていた（涙）。だが、そのお札に載せていただいた瞬間、奴隷のように重く固まっていたこの身体に、すべてのエネルギーを断ち切り、高い丘の上に登れたような、今まで、ただ一度も味わったことのない、安堵感をいま味わっておる（涙）。これにていつわが国に起ころうと、心安らかに深い眠りにつける……。真に真にありがたきことである。

岡　お札の感想をとてもうれしく伺いました。この後お札は何日間か、五日間は続けさせていただいてよろしいですか？

壁　もったいないことでございますが、このような心が優しくなるようなお札であれば、やっていただけるだけ、ありがたきことと存じます。

岡　はい、では続けさせていただきます。

壁　なにとぞよろしくお願い申し上げ奉ります。

岡　ありがとうございます。

◇黒竜様のお言葉　Ｈ23・４・14　琴姫

栗　黒竜様ですか？

黒竜様（以下＝黒）　そうじゃ。

栗　お言葉頂戴致します。

黒　よくわしに気づいたのう。

栗　はい。

黒　わしは、気配を消すのが得意なのじゃ。

栗　心を感じたのです。

黒　そうか……。そういうふうに言ってくれるのは、そなただけじゃのう……。今までの時代、心など必要なかった。心があれば、われらはこれまでやってこられなかった。

栗　はい。

黒　だがそのおかげで、こんなにも世界の経済は潤い、進化発展し、物質文明が出来たのであろう。

栗　はい。

黒　これだけ便利な世の中になり、皆幸せも味わったのではないか？

栗　はい。

黒　すべて、われら黒竜の働き、それによるものに気がついているのは、この理論を学ぶ者だけ……。感謝が足りん!!

栗　はい、申し訳ありません……。

黒　われらがどんな思いでこれまでやってきたのか、分かるか?

栗　はい。

黒　休む間もなく、ずっと、ずっと全力疾走じゃ！　もうその役も終わりと言われ、ふざけんじゃない！　とわれらはずっと納得できなくて今までやってきた。だからこの世に未練があるとかそういうことではなく、われらの働きも、それに関する感謝も何も、そういうものがわれらにはわれらの働いた分が見えないため、あの津波も起こした。そして水のある所に潜み、そのチャンスを狙っていた……。

栗　あんなに多くの人を苦しめたかったのですか?　黒竜様は?

黒　本当は、そうではない。しかし闇のエネルギーがまだまだわれらを動かし、われらもそのように最後、働いた。

栗　私は今、黒竜様の心が分かります。涙も出ています。これは悔し涙だと思います。黒竜様の悔し涙ではないのですか?

黒　もう嘘、ごまかしはそなたの前ではできぬのう……。そうじゃ。

栗　真のことを言ってください。

黒　そのとおりじゃ。われらが命を懸け、これまで発展させてきた世の中じゃ……。それをあのようには本当はしたくなかった……。

栗　なぜ、あのようなことを起こしたのですか？　片っ端から、家も人も何もかものみ込んでいくようなことを、黒竜様はしたくはなかったと思います。

黒　最後の闇のエネルギーに動かされ、人々の怨念、怨霊のエネルギーもあり、そして今回のことを起こした。人々の背負っているものにもよるが、真はわしはあのようなことは……。すまぬ……。

栗　本当の黒竜様の本心が聞けて、とてもよかったです。亡くなった方もそのお言葉を聞いて、癒されたことだと思います。

黒　そうか……。

栗　私たちに残してくださる言葉ってありますか？

黒　ある。

栗　教えてください。

黒　われらは全世界の進化と発展のため、最後まで全力疾走し、この世の中を造ってきた。今までの時代には、われらなくしては今のこの便利な世の中は出来なかった。このことだけは、われらがこの世から消えても、言葉として残してほしい。われらが心を失くしてまで、

栗　はい。日々止まることなく働かねば、これまでの発展はなかった、物質文明は出来なかった。
黒　そこだけは頼む……。
栗　分かりました。
黒　最後にわれらがやってしまったことは、本当に不本意だった……。申し訳なかった……。ここで、言わせてもらう。
栗　黒竜様の心からの言葉を聞いて、私たちはこれから大きな励みとなります。本当のことをおっしゃっていただいて、心から感謝致します。黒竜様もご存じのように、ワイオ理論から素晴らしいお札が出ております。どうか体験していただけますよう、お願いします。
黒　ありがとう、よろしく頼む。
栗　お待ちください。
（お札を焚く）
栗　黒竜様、いかがでしたでしょうか？
黒　これがあのお札なのか……。本当にすごい力があることを今初めて体験させていただいた。われらはずっと海や沼地、水の奥深く、暗い所に潜み、本来の体長は数十メートル、いや、大きいもので数百メートルあるが、その身体は実はすべてをいつも動かせるわけではなかった。いつも何かに縛られ、少しでも動こうものなら気配を察せられてしまうため、ずっとがんじがらめに自らを最後はしていたその身体が、一瞬にして軽くなり、今奥深い水の中から光を頼りに、登っておる……。光の先まで、身体がものすごく軽くなり、光に包まれて今ようやく登り始めたところじゃ。これで、これでやっと……、わが役目を終われる日が来る。真に、真にありがとうございました（涙）。

栗　黒竜様、これまでの時代、私も黒竜様のおかげでたくさんの幸せを頂きました。最後になりましたけど、本当に多くの者が黒竜様に感謝して生きる時代に入ると思います。長い間、本当にありがとうございました。次の時代までどうぞ天国でゆっくりお休みになってください。ありがとうございました。

黒　真にありがとうございました。

◇ニューヨーク証券取引所のエネルギーの方のお言葉　H23・4・14　琴姫

栗　ニューヨーク証券取引所のエネルギーの方でしょうか？

ニューヨーク証券取引所のエネルギーの方（以下＝ニ）　さよう。

栗　ようこそおいでいただきました。お言葉頂戴致します。

ニ　われらが最後に言葉を出したいことに気がついていただき、真にありがとうございます。

栗　はい。

ニ　世界の経済の中心として、数多くある証券取引所の中心として、休む間もなく今まで全力疾走してきました。世の人々は、われらが活発、活性化すれば世界の経済は潤うという仮説を立て、そのように世界の経済は動いてきました。

栗二　はい。

栗二　われらは、本来、もうエネルギーはほとんどありません。われらにしがみつく、人々の執着心、それにて動いているように見えるだけです。もう宇宙の法則が変わることも、半年以上も前から神に諭され、われらのエネルギーはほとんどない状態になっております。

その神とは、どの神様のことでしょうか？

栗二　経済担当の神、龍宮神界、罔象波乃女大神様でございます。

分かりました。

栗二　今までは黒竜様がずっとわれらを動かしてまいりました。今なので申し上げますが、本来は世界の経済が潤い、人々のすべてに潤いがもたらせるようにと、はじめはこの世に必要あり、生まれた経済ですが、人々の欲、さらには闇によるエネルギーもあり、われらの当初の気持ちとは全く逆方向に引っ張られ、どんどん拡大してまいりました。それで世界の経済が潤ったように見えましたが、実際は本当に富を得ている人にしか、経済は行き渡らない、貧困に苦しむところには回らない、そのような格差をつけるために、われらはこの世に出されたことも後から知りました。まさに今までの時代の象徴になったわけです。後でそのように気がつきましたが、もう止めることはできず、そのままこの時代が終わるま

栗　でわれらの役割は果たそうと、やってまいりましたが、もうほとほと疲れました。世界中にそ世界に発信している中央に、ニューヨーク証券取引所があると思うのですが、世界中にそれを知らしめていくというのは、あと、どのくらいだと思っておられますか？

ニ　もうエネルギー自体はありませんので、もうほとんど半年もしないうちにどんどん衰退していきます。

栗　というのは、株価なんかもどんどん下落していく一方になるということですね？

ニ　そうです。本当にこれからの時代、心ある方がお残りになりたいのなら、今すぐ株は手放してください。そこに莫大な慾をかけ、期待を持ち、まだまだ今の世を続けたい一心でしがみつく専門家、ジャーナリスト、この今の経済、株の情報に詳しいと申しているそのような方々の言うことは、一切信用してはなりません。

栗　はい。

ニ　今、持っているものはすべて手放した方がいいです。この世に実際に数字として現れるのは、日本の大きな変化の後に世界にも起こる、それが一番目に見えて起こることですが、その前から株価はだんだんと下がり、衰退していくのが見えます。

栗　下がる一方ではなく、時々ちょっと上がったりしていますが、あれは何かに操作されていることなんでしょうか？

ニ　そうです。今で言う闇、人々の中にある闇、お金に一番執着があり、まだ株価を期待する人々の闇です。あのように、少し株価が上がったことを見せなければ……。そのような人たちはまだまだ世の中にたくさんいます。本当のことを申し上げたく、このように出させていただいております。

栗　ありがとうございます。

岡　日本の後に二カ月後に世界に大きな変化が、と伺っているのですが、証券取引所の方は経済の中枢なので、一番最初に変化を受けるところですか？　それとも、もっと変化は後なんですか？

二　いいえ。

岡　一番最初に？

二　はい。日本がこれから起こることで目に見えて大きく変化していきます。

岡　はい。

二　今年中にはほぼ機能しなくなります。

岡　はい。

栗　分かりました。今一番証券取引所の方が私たちに伝えたいこと、最後にお願いしたいのですが。

二　はい、今までわれらのために、世界の経済が大きく潤うために、われらに投資、われらを利用していただいた多くの企業や、個人投資家の方々はじめ、世界中の方々、われらと同じ仕事をしている日本やその他世界各国の主要の国々の証券取引所のエネルギーの方々もそうですが、本当にこれまで多くの時間とお金を費やしていただき、真にありがとうございました。今まで時代を造るためには、すべて必要なことでした。決して悪いことだけではなく、世の発展のため、進化のためにわれらも全力で取り組んでまいりましたこと、ここに残したく、今お話させていただきました。

栗　貴重なお話をありがとうございました。

二　真にありがとうございました。

栗　お札を体験していただきたいと思うのですが。

二　はい、ありがとうございます。

（お札を焚く）

栗　いかがでしたでしょうか？

二　はい、本当にすごい威力を持つお札というものを体験させていただきました。暗く狭い部屋に縛りつけられ、ずっと働かされてまいりました。もうここからは出られないのかと思いましたが、今のお札を使っていただき、目の前に少しずつ光が差し込んでまいりました。そして株券がパラパラと目の前にたくさん散り、その先にまた広く光を受けるところまで、身体が浮上してまいりました。本当にこれでわれらはもう役目を終わることができます。今までの長きに渡り、真にありがとうございました。そして最後にお札を使っていただき、本当にありがとうございました。

栗　長い間世界の中心に立つご苦労を、心からお察し申し上げます。本当に私たちのために長い間、ありがとうございました。

ニ　真にありがとうございました。

皆　ありがとうございました。

※

大天変地異という自然界の想像を絶する巨大な力が働いて、とてつもない大きな破壊を行った。この無限の広さを持った宇宙が、一つの法則のもとに存在していることは、現在の知識でも判断できる。その法則のもととなる存在に対し、人類は宇宙創造神として絶対的存在として崇め奉ってきた。神仏の言葉は、疑う余地のない、絶対なる教えとして信じて従ってきた。神仏の教えを信じて従ってきた歴史を振り返って、冷静に検証してみると、いかにマイナスの部分が多くあったか、大きかったかに驚くばかりである。

信仰心の厚い人、人の良い人、情のある人、愛のある人ほど、自己の幸福と他者の幸福を願って宗教活動に真面目に取り組んできた。疑うことなく素直な人間ほど、この度のすべての宗教と、宗教的なもの、常識として信じて疑わなかった存在の崩壊は、大きなショックであると思う。

われわれ人類は、五千年の長い歴史の学びの中で、ようやく今まで絶対であると思っていたさまざまな存在が決して絶対ではないことに気づかされたのではないだろうか。五千年の年月をかけて常識として定着した物、事のすべてにおいて絶対はないと判断できるところまで成長してきたのである。もしも、地球人類にとって絶対である宇宙創造神なる存在が、どの民族、どの国家においても同じ存在であったなら、これほどの悲劇的な歴史を記録することにはならなかったであろう。

神仏を超えた真に絶対なる存在、宇宙のすべてを存在せしめている法則と、その法則を法則としてすべての生命体（ウイルスから神と植物まで）、非生命体（物質・物体）に働くエネルギーの存在こそ、新しく登場した真の絶対である。その絶対なる法則を創り、管理している存在を、［命］と呼んでいる。［命］＝法則である。

さらに、もう一つの絶対を創り、管理している存在を［ム］と呼んでいる。［ム］＝エネルギーである。

ワイオ理論を学んでいる者は、その存在を命（ロン）様とか、ムのお方と敬称をつけて呼んでいる。何よりもこの絶対的存在が、理由もなくこれ程悲惨な歴史の基となる法則とエネルギーの働きを人類に与えるわけがないのである。その理由、訳を、ワイオ理論がすべて明らかにしている。

これからは、命様とムのお方が真に血も涙もあるわれわれと同じ感情を持った存在であることが、この大天変地異の大破壊の後の地上天国創造の中で証明されていくのである。われわれ、ワイオ理論を先駆けて学び、他者に広く普及していこうと行動している者にとって、この絶対的存在が自分の心の中に真に絶対的に揺るぎなく存在しているのでなければ、これほど非常識な情報を提供することなど、恐ろしくてできるものではない。

今までに定着した常識として、誰も明確に否定することのできない物事に対し、単なる予言ではない形で提供するのである。提供した情報が真の結果を出さなければ、それこそわれわれは生きてはいけないであろう。侍の時代であれば、切腹の覚悟がなければできないことである。だからこそ、ワイオ理論を知った方々、縁が出来た方々も、われわれの覚悟を真摯に受け止めていただきたいと切に思う。

ただやみくもに信用してくださいと言っているのではない。これだけのとんでもないことが起こったのである。命ある限りは死ぬわけにはいかない。しかし、信頼できる絶対的な何かがなければ、とても希望を持って将来に向かって新しい創造、復興などできるだろうか。復旧ではなく新しい復興であれば、どうしても確かな指針、羅針盤が必要である。それこそが、世界に先駆けて日本民族の使命として出されたワイオ理論の知識と力と創造に必要な、新しく日々出されている情報である。

アメリカ合衆国のオバマ大統領が黒人として初めて大統領になった事実は、あの醜い人種差別をしてきたアメリカにおいて、とても信じられない出来事であった。十年前までは夢にも信じられないと言われていたことなのだ。アメリカに黒人奴隷として売られて、長い年月、辛酸をなめさせられてきた黒人にとって、真に泣き寝入りの中だけで見た夢の実現であろう。

しかし、黒人の期待を一身に受けて登場したオバマ大統領も、アメリカの経済を立て直すことは不可能である。あのリーマンショック、サブプライムのインチキ商品を生み出した、今までの経済の仕組み、経済学の専門家たちが、また同じ手口で大統領のブレーンとして働いているのである。そのため、ウォール街の強慾な者たちだけが潤う結果となっている。

世界一の大借金大国の崩壊、ウォール街の崩壊は、時間の問題である。間もなく日本と同じ大天変地異によって、すでに死にかかった命にとどめが刺される。二度と同じ経済の仕組み、経済学としての再建、復旧、復興はない。

中国も全く同様に、今までの経済学の常識と、強慾、貪慾性を持っていても、今後アメリカに代わることなどあり得ないのである。どこかの国が、また民族が、他の国を、民族を支配するなどということは、これからの法則には全くあり得ないし、中国にもそのようなエネルギーは絶対に働かないのである。アメリカと同じく、中国においても、今の経済の仕組みが消滅して、今までの経済学が何の力もないことに、間もなく起こる大天変地異によって気がつくであろう。

そして、このことは宇宙の法則として全世界に起こることである。新しい法則は、公平に、平等に、地球人類すべてを幸福にしようとして働いてくれるのである。安心していただきたい。あの国だけ、あの民族だけ選ばれ、他は見捨てるなどということ、それこそ自信を持って絶対にないと断言できる。

地球上に生息する動物の中で、人間ほど残酷で、他者の、他の生物の苦しみを、痛みを、つらさを、理解しようとしない動物はいないといえる。歴史の中で繰り返されてきた残酷な戦争による殺人の数々、生きながら焼き殺す火刑、原爆のひどい殺し方、逃げ道を断って焼き殺す東京大空襲、苦しめるだけ苦しめて殺す拷問殺人、人間性を奪って苦しめ続ける奴隷制度、植民地政策……。本来の教育は、人間とはいかなる存在であるか、かくも残酷な歴史を今も繰り返している動物であることを、その歴史の事実としてしっかりと教えることである。そしてそのような歴史が繰り返した原因をしっかりと教えなければ、学ばなければならないのではないだろうか?

哲学の世界ではそのことに対する考察はなされているようであるが、およそどこの国の教育の中にも、自国に都合のよい歴史教育の嘘、ごまかしの教育が行われている。人類全体にとってのなぜ? が、人類全体の問題として真剣に考察されなければならないのに、いまだにそのなぜ? の真の原因を人類は捉えてはいない。そのなぜ? がワイオ理論として明確にされているのであるが……。

テレビチャンネルを回せば、どのチャンネルでも、愚にもつかない、バカバカしいお笑い番組やクイズ番組、問題に対して真の原因の追及ではない論評ばかりが放映されている。オバマ大統領が核軍縮を語ってノーベル平和賞を受賞したが、このようなインチキ話に対する受賞は、ノーベル賞の価値を著しく低下させるだけである。世界一の軍事力を持つアメリカも、自国の貧困を捨ておいての軍拡を続ける中国の軍事施設、武器、弾薬も、世界各国のこれら無用の長物の存在も、ことごとく大天変地異が消してくれるであろう。

真に軍縮の意志があるのであれば、これほどありがたい自然の力はないのである。世界全体においてほぼ同時期にこのような破壊が行われなければ、とても愚かな今の世界の指導者たちにできることではないのだ。事が起こった時に初めて人類は自然の力のありがたさに気がつくのである。

そして、破壊の後の創造が始まった段階で、ようやく全世界的にワイオ理論が出された真の目的にはっきりと気づくのである。この地上における現象界においては当然のことであるが、ワイオ理論を知って具体的に人間がなすべきこと、なすべき役割を知った地上天国創造へのリーダーたちが、早急に各分野において必要である。真の復興は、今までの常識の中にはなく、ワイオ理論の中にしか見いだせないのである。

おわりに

この大天変地異の中で、多くの人々が、今の世の終わりではないかと、生きることへの不安感、絶望感の中で過ごされていることと思う。

この状況の中で何よりも大切なのは、この大破壊が、地球人類の悲願である地上天国創造のために絶対に避けては通れない必要な出来事であることと、新しい創造に必要な指針となる確かな情報が信頼できる形で流れること、政治家がワイオ理論を学び、私慾を消して聖慈家となって役割を果たすことである。

大本教の出口王仁三郎師は、日本は世界の「ひな型」の国であり、日本に起こることは世界に起こるといわれた。清水馨八郎氏の著書に詳しく書かれているように、日本民族は新しい時代創造に相応(ふさわ)しい歴史文化を築いてきた。

さらに、日本民族は世界に誇る武士道精心、侍魂を持った、地上天国創造のリーダーとなるべき民族としての役割を与えられて存在しているが故に、この時期に合わせてワイオ理論が下ろされたのである。このことの自覚が極めて重要である。

人間は、絶望感と強い不安感、恐怖感に襲われた時、生きる気力がなえてしまう。生きる気力がなえた時、困難に立ち向かえず死を選んでしまう。この気力、生命力の基になるのが、空腸にある靈体のお金のエネルギーを入れる器の働きである。器の中に充分なお金のエネルギーが入っているよう、器の異常（ヒビ割れ、穴、喪失）を正常にしておくことも、とても大切なことである。ぜひとも、第一巻の「ワイオ理論と神界」を読んでいただきたい。

ともあれ、未曽有の大破壊は起こった。創造を、復興を、始めなければならない。まさにゼロからの出発であり、日本民族の総力を結集して世界の見本となる創造を行っていく責任が日本にはあるのだ。

新文明の創造は、すでに大破壊の前から原因の世界で始められている。日本神界の皇の神々と、戦国時代の武田信玄公を筆頭に、平安時代の平将門公から幕末、明治維新、大東亜戦争において日本の武士道精心、侍魂を最も発揮した時代を生き、全世界に日本国の存在を知らしめた、熱き高き御魂の侍の方々（醒委さん）と、ワイオ理論を学んだ人間がガッチリとスクラムを組まなければ達成できない、世紀を超えた二千五百年に一度の大事業である。一人でも多くの熱き御魂の参加を、心からお願い申し上げる次第である。

上志満　昌伯

☆著者プロフィール

上志満 昌伯（かみしま しょうはく）

ワイオ理論講師、神道家、龠幸研究会代表
昭和20年、長野県松本市出身
40代から母の病気（緑内障）治癒を願って宗教の世界に入る。
真光、平和教、佐田神道に学び、平成９年ワイオ理論の小笠原慎吾先生に師事。
ワイオ理論講師のかたわら、各神業（天照神業、丹生都比売神業、龍宮神界開門神業、封印解除神業、光の柱建柱神業）、お金の器修復、御魂調べなどを行っている。
●著書：『ワイオ理論と神界』（たま出版）
☆連絡先
龠幸研究会
TEL 049-293-5305
FAX 049-293-5306
http://www.waio-riron.com
※ホームページではセミナーのお知らせも随時行っています。

予言された大震災　ワイオ理論と神界〈2〉

2011年７月15日　初版第１刷発行

著　者　上志満 昌伯
発行者　韮澤 潤一郎
発行所　株式会社 たま出版
〒160-0004 東京都新宿区四谷4－28－20
☎ 03-5369-3051（代表）
http://tamabook.com
振替　00130-5-94804
印刷所　株式会社 エーヴィスシステムズ

ISBN978-4-8127-0327-4　C0011